日航123便
墜落の波紋
そして法廷へ

元日本航空客室乗務員
青山透子

河出書房新社

はじめに

波のうねり

人は驚愕の事実を知り得たとき、それを打ち消そうとする波と押し上げようとする波
間に身を置くことになる
区切りのない波動は、時としてうねり、時として凪ぎのように静まる
大波に呑み込まれる波も、無数の泡を打ち消す波も
誰かが無理やり終わらせようとしても
波は永遠に続き、止まることはない
疑惑のはじまりが疑念となって、荒れ狂う大波の如く押し寄せ、確信に迫る
事実を否定することは、見えないものへの恐れでしかない
その恐れを克服できるのは、己への誇りだけである

何かに気づき、疑問を持ったとしても、その耳に蓋をし、心の目を閉じ、いつの間にか逃げ去ることが当然のように振る舞う人もいる。それは、つまるところ己の弱さとの戦いでもある。その弱さゆえ、過ちを省みる余裕もなく、体制を批判する人間を攻撃するのかもしれない。知らぬ間に組織に飼いならされて己を見失っているのかもしれない。

その組織が閉鎖的であればあるほど、それが生み出すものは文化というには程遠い、緊張感を欠いた甘えと依存の構造を持つ。

不祥事を起こしながら社会的に淘汰されずに法の網を潜り抜けてきた企業や官僚組織、未熟な知識と偏った知恵による失言多き政治家らが生み出すその思考回路や言動は、閉じた環境でのみ生息可能であって、一歩世界に出てみれば、その異常さは際立つ。

しかし、人としてなすべきことをなし、変えるべきところを変え、これらの言動を顧みてその可否を認識しなければ、次の進歩と発展には結びつかない。

相互依存の甘えた組織が事実を隠し、守秘という名の隠蔽が当然となりつつある昨今の風潮は、人間の堕落への一歩である。

社会規範の正当性の根拠がゆらいだとしたら、それも恣意的にゆがめられたとしたらそれを正す努力をし続けなければならない。

今日において次々と明るみにでる道理に反する不祥事は、深く張り巡らされた根っこから抜き、治療しなければ解決にはならない。
それが今を生きている人間の務めであろう。

二〇一八年十月末、大量飲酒の日本航空副操縦士が英国の現地警察に逮捕された。このニュースが飛び込んできたとき、事態を真剣に受け止めているとは到底思えない安易な番組もあった。たとえ以前から飲酒問題があったとしても、現地警察がその異常な酒酔い状態を認識して逮捕されるまで、その会社は組織的な慣習として見て見ぬふりをする社員ばかりだった、ということになる。

その報道に激怒した一人の英国人女性がいた。英国での報道はかなり大々的で、アルコールの検出値が英国における上限値の九倍超といった大事件であった。

彼女は日航123便墜落事故の遺族であり、そのニュースを聞いたとき、息ができなくなるほどの怒りが込み上げてきたという。そしてソーシャルメディアに投稿をした。

JAL **NOT** learning anything from the past.（原文ママ）

ＪＡＬは過去から**何も**学んでいない！

過去に五二〇人も殺しておいて、酒酔い運転で今度は何人殺す気か、という思いであった。

英国人遺族の怒りは当然である。その副操縦士はロンドン南西部のワンズワース刑務所にて禁錮十ヶ月の刑に服しているという。

今日の日本の社会の中で、こういった怒りの声が十分伝わってくるだろうか。

新社長に就任したばかりの経営者が頭を下げて深刻な面持ちで謝罪しようとも、英国に服役中の元社員がいようとも、次々とパイロットの飲酒事件が続いている。追い打ちをかけるように、客室乗務員がトイレでシャンパンを飲んでいたとの報道や、アルコール検査の身代わり事件、虚偽申告等の多発は、一個人の問題としてその人だけを処分する範囲をはるかに超えている。国も会社も意識が甘かったではすまされない内容である。

そして次は日本航空オペレーションコントロール部長による女子中学生買春という恥ずべき事件も起きた。オペレーションセンターは、クルーがショウアップする場所だが、フライトプラン作成、航空機の飛行ルート、天候、機体状況などをリアルタイムで監視してパイロットをサポートする部署である。

こういった事件の根本にあるのは一体何なのだろうか。

この程度でも許されるという甘えと、自律できない人間の組織への依存ではないだろうか。

プロとしてのあるべき姿と心構えも失っている。

それが脅かされるほどの問題があるのならば、原因をえぐり出さなければならない。

酔っ払いのパイロットと酒臭いキャビンクルーに命を預けることなど到底できない。

こういった信頼関係の破綻は、緊急事態発生時に強い口調で乗客を脱出に導けないということにもなりかねない。

閉鎖的な組織や社会環境が、大企業というだけで安易な逃げ道を与えてしまった結果だ。

そろそろこの国の枠を飛び越え、外からその異常さを見つめ直す時が来ている。

過去の過ちに対して逃げずに正面から解決することを怠ったからこそ、無自覚な人間を生んでいるのではないだろうか。

正当な声がかき消され、無知、無責任が大手を振って歩いてはならないのである。

英国にも怒りに震える遺族がいる。その存在に気付いた私は、その遺族にどうしても会わなければならないと強く思った。

日航123便　墜落の波紋

そして法廷へ

◉

目次

はじめに　波のうねり　1

第一章　「外国人」遺族　13

●消された存在　14
●SAKURA　24
●ミッション　28
●英国人遺族の存在　33
●カモメが舞う街　39
●カーディフ大学での講演　41
●How to successfully re-investigate of the JL123 Crash　44
●バレリーナとの出会いと壮絶な別れ　52
●死者からの伝言　56

第二章　隠蔽の法則　65

●英国人ネットワーク　66
●政治的干渉という妨害　88
●フィッシュスイミング　96

第三章　情報公開への道　107

●執念と信念　108
●保存が原則——公文書への認識　111
●逃してしまった刑事責任　115
●米国へのかすかな期待　119
●米国公開資料から見る不時着の可能性　132
●生データの行方　143
●灼熱のインドからの手紙　149

おわりに　次世代へ　161

●公文書は未来のための記録　162
●世界の輪　170

スゥザンから小田周二氏への手紙　178
注記　184
主な参考文献　190
巻末資料「口頭意見陳述」　205

装幀——市川衣梨
カバー写真©ＰＩＸＴＡ

日航123便　墜落の波紋

そして法廷へ

第一章

「外国人」遺族

●消された存在

――はい、その写真は一九八五年十一月十五日、金曜日に撮影した写真①です。

それは悲痛な一日だった。

私のすべてが悲鳴を上げていました。

心は粉々に砕け、私の体は木端微塵《こっぱみじん》に破壊された……。

悲しみに憔悴しても、私たちは前を向いて歩かなければならなかった。

選択の余地はなく、ただ無言のまま成田空港に向かって歩いていくしかなかった。

――撮ってくれたのは友人の佐々木ノヴェリータさんです。彼女は日本人と結婚したフィリピン人です。学研で仕事をしたときに知り合いました。

彼女は私の体と精神状態を非常に心配してくれた。

私が日本を去る直前の数日、彼女の家で美味しい家庭料理をふるまってくれた。でも私はＡＫＩの死を受け入れられず、数ヶ月、物を食べることが困難で、全く食欲がなかった。

ただ彼女のかぼちゃのスープのおかげで、ようやく今からロンドンまで帰る長いフラ

①日航123便墜落事故の英国人遺族スゥザンと二人の遺児。
次女のお宮参りのため、無理をして笑顔を作るスゥザンと二人の娘たち
三人はこの後成田空港へ向かった。(1985年11月15日。友人が撮影)

イトに耐えられる体力を与えてもらった。

――場所？　神社の前です。どこの神社だったか……覚えていません。

ノヴェリータは、次女のダイアナが「Omiyamairi（お宮参り）」という祝福を受けるべきだ、それには今しかない、と言って連れていってくれたのです。

もちろん、ＡＫＩが生きていれば、私はその伝統的行事を喜んで受け入れたでしょう。でもＡＫＩはいない……。

長女のカサンドラは四歳、次女のダイアナは一九八五年九月十六日、日航１２３便墜落の一ヶ月後にこの世に生まれてきました。生後六十日でした。

ダイアナは濃い黒い髪を輝かせていて、それは悲しいほどに父親を思い出させました。私は彼の分まで必死に二人の子供たちに最善を尽くそうと努力しました。でも体調は悪く、呼吸することも困難な状態でした。

私のバッグの中には、たくさんの日本の薬が入っていました。

――日本を発つこの日、二度と私はＡＫＩに会うことも彼の素敵な目を見ることもなく、そして小さな二人の娘たちの父親がもうこの世にいないということも、すべてが信じられなかった。それでも、私は最高のお母さんになって、すべてを子供たちに捧げると誓った。それをＡＫＩが望んでいることは明らかだったからです。

――本音は……。自分の人生をここで終わらせることは非常に簡単だった。

私のこころは、破壊されつくされていたから……。

ＡＫＩの希望と夢は一瞬で破壊された。

私たちの未来を破壊したのは誰？

私はＡＫＩに聞きたかった……。

――ここに一九八四年の十二月三十一日、新年になる直前にＡＫＩが私に書いてくれた手紙があります。

彼は日本式の低い机の前で、お気に入りの青いＺＡＢＵＴＯＮ（座布団）の上に座って書いてくれました。彼は、新年の一九八五年には私たち家族のための特別な計画があると言っていた。

そのロケットに入っているものは、彼の髪の毛です。

――なぜ髪の毛が今もあるのかって？

一九八五年八月十日（墜落の二日前）に、彼は突然、髪を切ってくれと私に頼んだ。

それをなぜか不思議だけど私は捨てなかった。

今ではそれが宝物②です。

彼はよく短いメモで、私にラブレターを書いてくれました。

それはとても魅力的な習慣でした。

——彼の遺書？

たぶん、彼は私に書くだろう……。

でも、あまりにも恐ろしかったとしても、彼は最後の一秒まで生きることに望みを持っていて、書いていないかもしれない。

もしかしたら、誰かがそれを隠して、私に伝えないようにしたかもしれない。

私は数年後にＪＡＬに彼の書いたものがないか、英語のメモがなかったとか尋ねたことがありますが、全く見つからなかったと言われました。

私が知る限りでは、遺書は見つかりませんでした。


——一九八五年八月十二日のこと……。

それは覚えています。とても鮮明に……。

私たち家族は東京に住んでいました。

その月曜日の朝五時三十分。

私が突然目を覚ましたところ、ＡＫＩはすでに起きていて私を見つめていた。

四歳の長女はまだ眠っていました。私は二番目の子供を妊娠しており、九ヶ月でした。

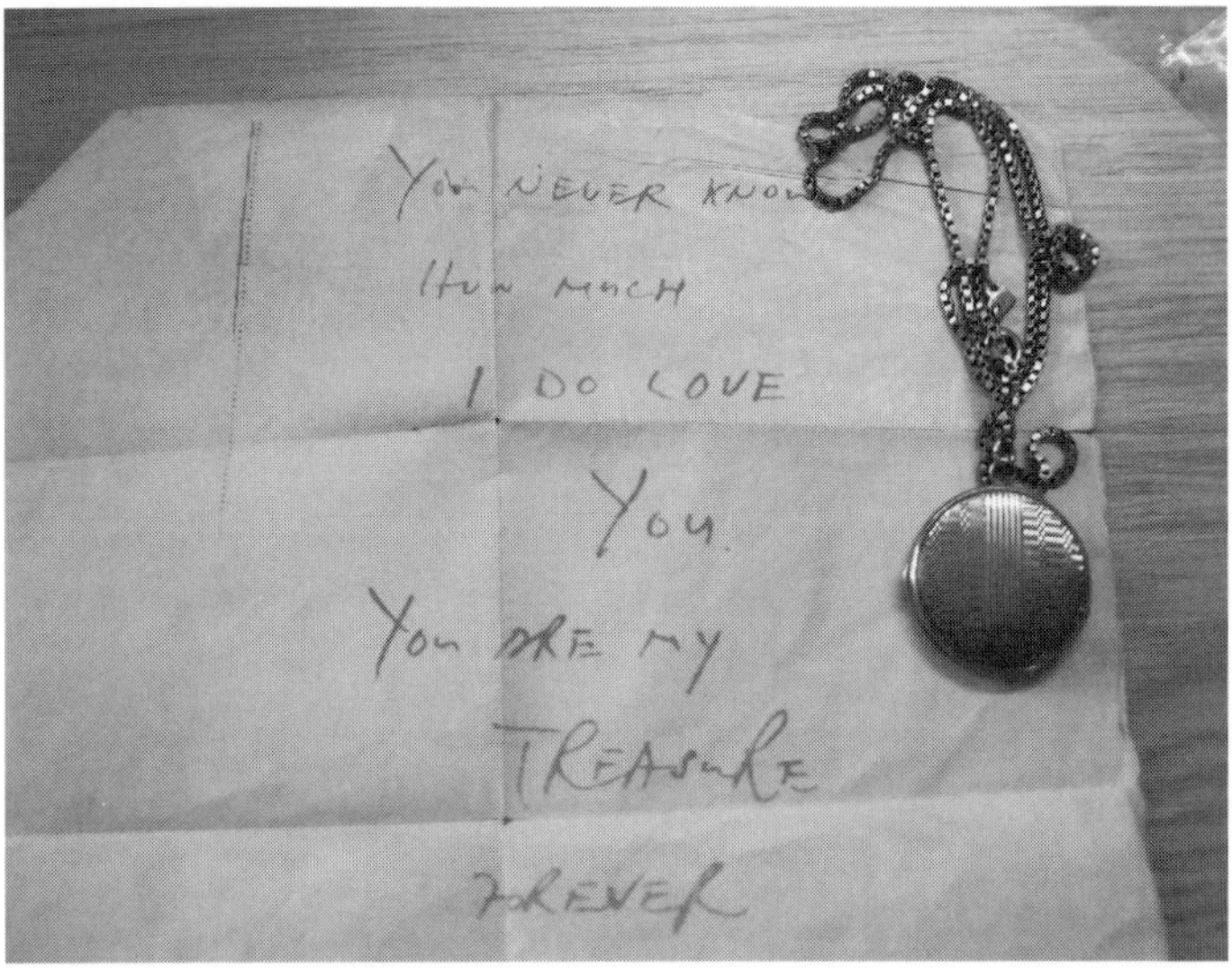

②スゥザンのパートナー、AKI（湯川昭久氏）が1984年12月31日大晦日の日に書いた彼女へのラブレター。「貴女は私がどれほど愛しているかわからないだろう、貴女は私の永遠の宝物……」右がAKIの遺髪が入っているロケット。

その日、彼は大阪へ行く重要な出張があるけど行きたくない、と言いました。これはいつもの彼とは違って、珍しいことでした。なぜならば、隔週ごとに大阪と東京を行き来していたからです。この日はオフィスに早く行って会議に出席して、その日の夕方に大阪に行かなくてよいように最善を尽くすからと言って出勤しました。

午前九時三十分過ぎに電話があって暗い声で、新幹線は予約で一杯だから、飛行機で大阪に行かなければならないとイライラして言いました。でもお昼に戻るから、楽しみにしていて、という声は柔らかかった。私が病院の診察から戻ったときにちょうどＡＫＩも家に着いて彼は私たちのお気に入りの持ち帰り寿司や他の食べ物で昼食をとった。とても幸せそうだったが、オフィスに戻る時間がくると、彼は再び異常に緊張した。

四歳の長女のバレエの発表会のリハーサルがあるので、松山バレエ学校まで一緒に歩くことにしました。

「一泊だけだから、明日は必ず戻ってくるよ。羽田から出発する前に電話する」と私たちを抱きしめて別れた。その手のぬくもり、今でもそれははっきりと感触を覚えています。

――それから一時間後、私はなぜかわからないが悪いことが起きそうな、嫌な気分になった。そして彼に電話をしたら、まだオフィスにいました。

「貴方の声が聞きたくて電話をしました」と言うと、彼は嬉しそうでした。

机の上で書類をシャッフルしてブリーフケースに入れている音がした。

彼の最後の言葉は、

I love you dear, I have to go now, see you tomorrow!

その電話を切ってから十分後。

家のマンションがいきなり停電に陥り、なぜかわからないままエアコンも切れて蒸し暑かった。そこでもう一度彼のオフィスに電話をすると、秘書にすでに出発しましたと伝えられた。ああ、遅かった……。

突然の停電は、なぜか夜の七時前に戻った。本当です。

戻ったのが午後七時直前なのです。（日航123便墜落時間）

それから、長女はテレビを見たいと言うのでつけたらなぜか飛行機の放送をしていた。

私は日本語が堪能ではないのであまり理解できなかった。

ボーイング747のこと、ジャンボジェットが国内線に使われたとは思っていなかったし、ニュースは部分的にしか理解できなかった。

乗客リストが出てきたとき、私はだんだんと不安になっていった。

五二四人もの人が乗っていたことがわかってきた。

最愛のＡＫＩの名前があるのではないか、とパニックになった。

息ができなくなり、どんどん怖くなった、震えてきた……。

事実を受け入れることが困難となっていったのです。

ひらがな、カタカナがたくさんある。それは名前だった。私はだんだん読めてきた。

何度も何度も読み上げる名前の中に、最後のＹの欄、ついに出てしまった、
ユカワアキヒサ、私のＡＫＩの名前が……。

私はショックで、お腹の子供がどうにかなると思った。胎児を傷つけることになると……。

私は彼が生存者の一人であることを、一晩中祈り続けた……。


――十三日早朝、心配した友人が私を愛育病院の主治医、ホリグチ先生のところに連れていってくれました。先生はとても親切で私の胎児が安全であることを言い、安心させてくれました。

先生に「私は絶対に群馬に行く、ＡＫＩを捜す！」と言い張った。

ところが先生は絶対そこに行かせてくれませんでした。そのような墜落現場に九ヶ月

の妊娠した体で行けば胎児によくないと、とても紳士的に説明をしてくれた。服用しても安全な鎮静剤を与えてくれました。

そのとき、突然ＡＫＩの言葉が耳に届いた！

「私の最後の望みは貴女たちが元気で丈夫なことだよ」

私は群馬に行きたい、でも行けない――。

このような絶望感を味わったのです。

午前中にＡＫＩの最愛の母親、タカコが来てくれて、一緒に大声で泣いた。

タカコは、彼が出発の際に身に着けていたものを全部詳細に説明するように私に言いました。

私は群馬に行くことを許されなかったので、一生懸命思い出して、彼の着ていた服や持ち物を伝えました。

私が唯一、それを語ることができたからです。

――八月十五日木曜日、

AKI'S BODY WAS FOUND.

（ＡＫＩの**遺体**が**発見**された）

彼女がＡＫＩと呼ぶパートナー、故湯川昭久氏は、Ｄコンパートメントの３３Ｄの座席だった。検視番号２７１番、歯牙の部分が二ヶ所欠けていたぐらいで比較的損傷の少ない遺体であった。焼損部分や欠損もないが、歯型と指紋で身元が明確に確認されたのは八月十六日であった。

彼女はそれからちょうど一ヶ月後の九月十六日に、次女を生んだのである。

この偶然ともいえる日時は、運命を超えた何かがそこに存在しているように思える。産後の回復途中の体で、それから二ヶ月後の十一月十五日に、彼女はなぜ二人の子供を連れて、ロンドンに帰国しなければならなかったのか。そしてなぜ、彼女たちの存在は消されたのか。

それを語るには、まず彼女との出会いから始めたい。

●ＳＡＫＵＲＡ

――満開の桜に見送られて成田空港を出発したのに、また桜に迎えられた――。

二〇一九年四月。人と大地の営みは、時と場所を超えて遥かな地平線の向こう側に続いている。

柔らかな芽吹きは、天空の青と緑の境界を際立たせ、その縁取りに薄紅色の桜の木々が連なり、小川の土手を華やかに彩る。

草花を夢中に食べる動物たちとその土地に根差した人間がともに暮らす農村の日常だ。

この目の前に広がる見慣れた風景に、

——私は本当に英国に到着したのだろうか——。

そう思った瞬間である。

フライトで頻繁に訪れた一九八〇年代。そして私が最後にこの地へ来たのは一九九一年だった。記憶の中の英国は、どんよりとした雲に覆われ、夜の八時を過ぎても薄明るく、肌寒い小雨の降る場所であった。その頃はまだ、ロンドン・ヒースロー空港から市内までバスに揺られて一時間以上かかっていた。今では、空港からヒースロー・エクスプレスの列車でたったの十五分程である。そして今、頭上には鮮やかな群青色の空が広がる。まさか、満開の桜に迎えられるとは思ってもみなかった。

あっという間に列車はロンドン市内に入り、ロンドン・パディントン駅に到着した。さらに私は、ウェールズの首都カーディフ市に向かうグレート・ウェスタン鉄道のどっしりとした重厚な深い緑色のディーゼル列車、インターシティに乗り込んだ。カーディフまではここから約二時間程である。

その車窓からも桜の花々が目に飛び込んできたのであった。

英国にこんなに桜の木があったとは……。それも薄桜色のソメイヨシノばかりが目につく日本と違い、白花色や灰桜、桃色、甚三紅《じんざもみ》といった伝統的日本の色をまとった多種多様な花びらが伸びやかに木の上で舞っているようだ。

早速、その感動を列車内からメールで日本の家族に伝えた。これもまた、電報や固定電話しか早急な通信の手段がなかった八〇年代には考えられないことである。今では瞬時に無線LANでつながり、メールや電話で、いつでも誰かと自由な会話が楽しめる。

あの頃は想像もしなかった今日《こんにち》のリアルタイムのつながりは、無駄を省き、実に便利で合理的ではある。ただ、それにより失われてしまった適度な「間」が、逆に人間関係を破壊に導くこともあるのではないだろうか。

列車内ではそこら中でパーソナルな内容の電話の会話が聞こえてくる。列車に備えつけられているテーブルでは、スーツ姿の男性がまるで自分の部屋にいるがごとくパソコンをたたき、メールの着信音が時々流れる。私の後ろの席に座る女性からは、オリジナルのメロディーが流れるたびに、一方的な笑い声が唐突に聞こえてくる。それは会話というよりは奇声に近い。よほど意識的に行動しない限り、文明の発達は人を無自覚に堕落させる。便利さは利点のみならず人間の機能低下をもたらし、高い自意識がないとモラルはどんどん低下していく。

――昔はジェントルマンの国だったはずなのに……イメージがだんだん崩れさってゆく。

私の中での八〇年代の英国紳士は、決して人前で大声を出さず、エレベーターの中でも物静かであったし、私たちが宿泊していたホテルは一流のホテルであったが、女性の振る舞いも見習うべきほど大変優雅であった。英国紳士のスーツには、ポケットチーフがさり気なく入っており、女性には必ずドアを押さえて先に通してくれた。ロビーで大笑いしながら話をする団体や集団での羞恥心のない行動は、そのほとんどが日本人であった。当時の日本では紳士的な振る舞いは期待できなかった。しかしながら今や列車のマナーは逆転して日本が上のように思われた。

さて返信のメールを読むと、偶然にも日本の新聞で、日本の桜の失われた品種を守り育てた英国人の本が紹介されていたという。当地での桜の開花期間がずいぶんと長く、様々な種類の桜が次々と咲くのを目にした在英邦人が調査して書いた本とのことである。英国人桜守の園芸家、コリングウッド・イングラムが明治から大正時代に来日し、桜の美しい風景に魅了されて個人収集を行って持ち帰り、自宅に一二〇品種以上の桜園を創ったことが始まりとのことだった。そのおかげで今日も英国中の住宅街に植樹されて、有名な庭園には桜の大木があるほどの人気である。そういえば、行きの機内で見た映画『メリー・ポピンズ』にも、古い街並みと煉瓦造りの邸宅の庭には、大きな桜の木がそよ風にゆらゆらと揺れていたシーンが出てきた。一九一〇年にロンドンの桜通りに住む銀行家が舞台という設定だから、明治時代にイングラムが持ち帰ったということもまさにその通りであろう。

ソメイヨシノというクローンばかりではない古くからある桜の多様性が、伝統的に遠く英国で脈々と受け継がれていたことに何か不思議な縁を感じた。

その花々に歓迎されながら私はカーディフに向かっている。つい三ヶ月前までは考えもしなかったことである。

そして今、日航123便墜落に強い関心を示した一人の英国人研究者との不思議な出会いから、この事件が思いもかけない方向に動き始めたのである。

●ミッション

「貴女の本が外国の研究者に取り上げられているよ」

早稲田大学法学学術院教授の水島朝穂氏からメールが届いたのは二〇一一年のことであった。早速取り寄せてもらったその分厚い論文の本の表紙には、群馬県上野村村長だった故黒澤丈夫氏が毛筆で書いた文字を彫刻した「昇魂之碑」の写真が掲載されており、題名は「DEALING WITH DISASTER IN JAPAN—Responses to the flight JL123 crash」、著者はカーディフ大学教授のChristopher P. Hood氏（以下クリス）である。「日本学」という近代日本人の精神性についての講義を行っているそうだ。

彼の本には、二〇一〇年に出版した『天空の星たちへ』（河出書房新社からの再刊に際し、『日航123便墜落 疑惑のはじまり』と改題）の拙著から、新聞記事をもとに丹念に調査をした部分が引用されていた。

遠く離れた英国の地で私の本を読み、それを論文で取り上げてくれた研究者がいたとは全く想像もしていなかった。当時あまり注目を浴びていなかったこの本への関心を示してくれた研究者の存在は心底私を励ましてくれた。

「あら、なにか小さな文字が書かれている」

論文形式にデータが示されて詳細に書かれた二六五頁程もある各ページの下の欄に目が留まった。それは殉職した乗員から始まって亡くなった乗客の名前と享年が二、三名ずつ小さく書き入れられていた。二六五頁というページ数でも足りないほどの五二〇人という人数の重みが、読み進めるたびに分厚い本の重みとともに、手のひらにずっしりと響いた。

この研究者にはこの事件に対する強い思いと「魂」が入っている、そう直感した。

ただ、私自身が博士号取得で論文を書いていた時期と重なり、その調査研究であまりの忙しさにお礼の手紙を書くことを先延ばしにしにしていたのである。

二〇一八年の『日航123便墜落 遺物は真相を語る』を書きあげた瞬間、なぜかこの遺物調査の結果を彼に知らせなければならないという強い思いが沸々《ふつふつ》と私の中で湧き上がってきた。

『遺物は真相を語る』には、事故直後の御巣鷹の尾根から採取した物質から、ベンゼンと硫黄(*1)という成分を検出した事実を書いた。この事実は相当深刻な結果を示したものだが、ここに注目して取り上げてくれるのは意識の高い読者や弁護士、研究者などに限られ、軍事評論家もマスコミもほとんど目を向けなかった。特に自衛隊出身の軍事評論家や大学教授は客観性を欠き、過剰に否定した。これでは日本人として、また日本航空に在籍していた者としてなすべき義務を果たしていない。何もかもが「なかったこと」にされる危機感を覚えた私は、せめてこの事実は海外も含めた遺族に広く伝えなければならないと決意を新たにしたのである。JA8119号機の機体の一部は、三十四年後の今もそれを物語って存在しているのだから……。

分析結果における責任の所在を明確にするために、すべて自費で専門の大学研究機関に依頼して調査を行い、いかなるバイアスもかけずにどのような結果が出ようとも必ず事実のみを書くと編集者に誓い、それを支持してくださる弁護士や研究者に支えられて書いたものである。私はこの事件を解明する強い決心とともに、その英国の研究者に手紙と拙著を送ったのであった。そこから私たちのファーストネームで呼び合う交流が始まった。

今年の新年明けてすぐ、東大赤門前で待ち合わせた彼は、お辞儀をしながら「はじめまして」と流暢な日本語で話を始めた。彼は熱烈な新幹線ファンでもあり、日本の鉄道を網羅してすべての都道府県に行ったことのある、日本をこよなく愛する人である。長年の「日本学」研究の成果を評価されて、英国と日本の相互理解と交流を深めることに貢献したとして、在英国日本国大使の鶴岡公二大使から表彰されたほどであった。お互いの情報を共有して楽しく会話をし、私は彼の博士論文「Japanese Education Reform—Nakasone's Legacy」(1998)について質問をした。すると彼は困った顔と鋭い口調で次のように話をした。

「彼(中曽根康弘)は日本の政治家としては独特の雰囲気もあるし、他と異なる何かを持っていたと感じたよ。何度も議員会館などで会ってインタビューをした。この論文では彼の一九八〇年代に始めた改革政策の成果と、日本の教育改革や国際主義、教育の政府統制といった様々な角度から社会問題となった教育改革論争の検証を行った。そのときの彼のイデオロギーや彼の作ったシステムが新しい日本人像を作り出すと思って書いた」

ずいぶん中曽根元首相の評価が高いように思われたので、日航123便についてはと聞くと、

「透子の言うことはよくわかる。だからそれを知ってから、中曽根さんには会う機会もないし、一切会っていないよ。彼らしくない。やはりあれはおかしいし、事故時の彼の対応は誰に言ってもひどいと言うよ。私に自信満々で語っていた政治家とは思えない。とてもがっかりした。特に英国で、あの後すぐ(一九八五年八月二十二日)マンチェスター国際空港でブリティッシュ・エアツアーズ28M便が墜落炎上して五十五人が死亡した時、当時の首相サッチャーさんは休暇返上で現場に駆け付けた。それが当たり前。しかし中曽根は軽井沢で遊んでいたとは許せない事実だね。彼は詳細な日記を書いているはずだから、せめて本当のことを書いて後世に伝えるべきだろう」

私もその通りだと相槌を打った。彼は、首相としてのあるまじき行動を明確に非難するメディアもなく、それを安易に許すような日本人の精神性がよくわからなくなると言う。だからこそ研究対象なのだろう。

原因を追究し続けている遺族の声を救い上げる機会も奪われてしまっている現状で、メ

ディアがそれを無視する、という風潮は体制側の恣意的な隠蔽を加速しかねない。

一九八七年に事故調査報告書が出した結論が不起訴となったことはその結論では不十分だということだ。三十二年間もこの公文書の内容を信じている人たちはあまりに多く、その結論を証明することもなく、他の説に言及することも否定された状態のままでは、世界最大の単独機墜落事故の事故原因を不明のまま闇に葬り去ることになる。それではあまりにも無責任だ。現実と向き合わず、誰も責任を取らない日本人の精神性が問われ、隠蔽による封印は、世界中から疑問視されることになりかねない。研究者として何か対策を講じなければ、もともと日本人の国民性として顕著な単一的思考回路を増長しかねない。

脈々と続く長い歴史の中で、ほんの一時的な期間だけ政治を任された人間によってゆがめられた未来は、将来の国民への侮辱だ。私たちは研究者としてなにをすべきか、そのミッションを果たすことを誓い合った。

●英国人遺族の存在

ロンドンの老舗のワインバー "The Chopper Lump"。

今ではもう閉店したとのことだが、二〇〇五年にこのバーで、クリスは以前日本語コンテストで賞を得て日本航空の航空券を手にした際にお世話になった日本航空ロンドン・ヒースロー空港支店国際旅客サービス課勤務のキース・ヘインズさんとその友人と会っていた。いつもの何気ない会話をした際に日航123便の話となり、英国人遺族の存在を知ることになる。

キースさんがロンドン市内支店でミーティングをしていた一九八五年のあの日、午前十一時三十分過ぎに、会議に遅れて入ってきた上司の手に一枚の紙が握りしめてあった。そこには次のように書いてあった。

「One of our domestic 747 is missing」

あのジャンボジェットが消えた？　にわかに信じがたいフレーズに、皆が凍りついた。当初、日本国内の国内線フライトに英国人が含まれていたとは、日航職員キースさんも知らなかった。

搭乗者で死亡したキンブル・ジョナサン・マシューズ（享年二十八歳）の父親、ピーター・マシューズ氏の遺族世話係となったキースさんを通じて、クリスは遺族と交流を深めていくことになった。その経緯については、彼の著書『Osutaka—A Chronicle of Loss In the World's Largest Single Plane Crash』（Caradoc Books, 2018）に詳細なインタビューの記録として書かれている。なぜピーターさんの息子キンブルさんが日航123便に搭乗したのか、それは運命の出会いとつながる。

英国に留学に来ていたピアニストの女性、西口昌子（享年二十五歳）と音楽を通じて知り合ったキンブルさんはお互いに惹かれあった。日本の彼女の家と英国を行き来しながら、彼女との婚約が調《ととの》い、西口さんの実家のある大阪で伝統的な日本式の結婚式を挙げることになって、そのために二人で大阪に向かったのである。ピーターさん夫妻は後から行くことになっていた。当初、ピーターさんは、息子たちがすでに大阪に到着していると思い込んでいたので、確認を取るのが遅くなった。

幸せの絶頂にいた二人が遭遇した墜落事故は、英国と日本の双方の家族の幸せを奪った。

御巣鷹の尾根の墓標には、二人の名前が並んでいる。

早速、私は日航123便の座席表で確認したところ、二人の座席は最も遺体の損傷の激しかったCコンパートメントのバルクヘッドの前であった。二人並んで座っているにもかかわらず、キンブルさんの遺体は比較的損傷は少なかったが、西口昌子さんは全く跡形もなく、歯型と血液型で身元確認が行われた。

遺族となってしまったピーターさんにとって、遠い日本の聞いたこともない地名、群馬とか長野、上野村？　それらの場所も全く知らないところで、自分の息子が突然死亡したという現実に直面せざるをえなくなったのである。

クリスは、カーディフ大学の自分のゼミでその経験と辛さの克服について、遺族として語ってほしいと願い、学生たちの前でピーターさんに講演をしてもらった。

なぜならば、英国人のみならず日本の留学生からも「日航１２３便墜落？　あれって映画の『沈まぬ太陽』の中の作り話でしょう」と真面目な顔で言われたことに愕然としたからだ。若者の間でタイタニック号沈没の事故と日航１２３便の墜落はどちらも映画の作り物、というまちがいが常識と化してきたことに危機感を抱いたのである。

リアリティー、そして共感力を養わなければ人間として成長できず、それらが作り出す世界に未来はない。当然のことながら、このまま亡くなった人々も浮かばれず、魂の無念さのみが永遠に残る。後世の人間は、その存在を忘れた歴史からは何の教訓も得られず、必ず同じ失敗を繰り返すことになる。

クリスはピーター夫妻と一緒に御巣鷹の尾根に登ったことがある。これがそのときの新聞記事③である。その後ピーターさんの家族と西口さんの家族は、亡くなった二人のお墓を日本に建てて、節目には行き来してお参りをするなどの交流を深めていった。

そのピーターさんにお会いしたい、というのが私のリクエストであった。ところが二〇一八年一月三十日に八十三歳でお亡くなりになったとのことを後から知ることになる。

クリスに会った直後、二〇一九年一月三十日、奇しくも命日に私は奥様にメールをした。

「ぜひ出たかった」

マシューズ夫妻 19年ぶりに参列

追悼慰霊式には、長男キンブルさん（当時28歳）を亡くしたピーター・マシューズさん（75）夫妻が英国から来日し、19年ぶりに参列した。「西洋では25年は大きな節目。ぜひ出ておきたかった」

親日家のキンブルさんは西口昌子さん（当時25歳）と婚約、昌子さんの実家のある大阪で暮らしていた。2人は英国から東京経由で大阪に帰る途中に、事故にあった。「バンドやフットボールなど、いろいろなことに好奇心旺盛で、誇れる息子だった」とピーターさんは振り返る。その息子の死は25年たった今でも、「本のページをめくるようにパッと切り替えられる気持ちではない。今でもよく思い出す」という。

事故後、夫妻と昌子さんの両親は支え合うように、英国と大阪を行き来し、交流を続けた。しかし、昌子さんの父親が01年1月に亡くなり、日本に来ることもなくなった。25年という節目に久々の来日を決意、足を痛めているため慰霊登山はできなかったが、追悼慰霊式に参列した。

「年齢的にも来れるのは今回が最後になるかもしれない。体調に不安があったが、事故の場所、時間に息子への祈りができてよかった」と話した。

19年ぶりに慰霊の園を訪れたピーター・マシューズ夫妻＝上野村で、梅田麻衣子撮影

知事と国交相 尾根登り献花

大澤知事は12日午後、前原国交相らとともに御巣鷹の尾根に登り、「昇魂之碑」に献花。「前原国交相に来てもらえて本当に良かった。遺族が大変な思いをして慰霊登山をしているのを見てもらえ、これからの航空行政にしっかりと取り組んでもらいたい」と語った。

③英国人遺族のピーター・マシューズさん夫妻が御巣鷹の尾根を登山した際の写真。
日航123便御巣鷹の尾根墜落25年目の特集記事『毎日新聞』（群馬版）2010年8月13日付

実は彼女は墜落で死亡したキンブルさんのStep Mother、つまり育ての母である。しかしながら大切な息子として彼と接してきた。彼女からのメールでは、夫のピーターも事故原因について聞きたかっただろう、というものだったが、今日は夫の一周忌なので心の整理がつかない、というような内容であった。今後何かあれば連絡をするとの約束をかわした。

もう一人、英国人の遺族がいるとクリスは私に伝えてくれた。

湯川昭久という日本人男性の当時のパートナーだった人だという。この女性の存在については、ついこの間までは全く誰も知らなかった。外国人の犠牲者の名簿を見てもわからないのは当然である。日本人犠牲者に英国人パートナーの遺族がおられたという関係には、さすがに気づかなかった。実は彼女も幸福の絶頂期から突然奈落の底に落とされたような人生を歩んできた。

すべての運命を変えたのはあの日航123便である。

ふと車窓から外を見ると、牧草地の向こう側に高いビルがいくつも見えてきた。

列車はまもなくカーディフの駅に到着する。明日はカーディフ大学で私の講演を待ってくれている学生たちがいると思うと心が踊った。日本学を教えているクリスと東大の赤門前で待ち合わせて話をしたあのときがこの瞬間を生んだのである。そして、その英国人遺族も明日カーディフ大学に来る。私に会うために、また、クリスが講義を持つゼミ生の前で日航１２３便の遺族として話をすることになったためである。

●カモメが舞う街

ＢＲＥＸＩＴ[＊2]（ＥＵ離脱）旋風が吹き荒れている最中、私は英国のカーディフ市に降り立った。

「英国」と一括りにして語られるほど、この国は思考的にも単一的な国民性ではない。イングランド、北アイルランド、ウェールズ、スコットランドからなる連合王国（ＵＫ）であるゆえ、残留支持が過半数の北アイルランドやスコットランドと、離脱派が過半数のウェールズでは、それぞれがもはや国家からの独立を目指すという方向が出てきている。これらは地域ではなく非独立国家であって四つのそれぞれに首都が置かれている。彼らのアイデンティティは強く、特にウェールズは歴史ある保守的な土地柄であり、ローマ軍がやってくる以前からケルト人が移り住み、ウェールズ語を持つウェールズ人として誇り高い。

その首都カーディフの駅に到着した私は、駅員が発する英語が聞き慣れたものではなく、ウェールズ語なまりの英語だと実感した。いわゆるオーストラリアの英語の発音に近い。

目の前にカモメがひらりと飛んできて止まった。空を見上げれば、当たり前のようにスイスイと低空飛行で飛んでくるカモメたちが、オレンジ色の街燈の先端に羽を休めている。この街はその昔、産業革命期に湾岸を中心として造船所が作られ、石炭や鉄といった物資の積出港としてかなり発展した海沿いに開けた都市である。瀬戸内海の軍港の都市に似た地形で、海も近いから自由にカモメも空を舞う。その後石炭等の衰退に伴い、治安の悪い地域となったが、近年では英国人が住みたい都市第三位となるほど整備され、首都として政治や経済、さらに大学の街としてアカデミックな都市へと変貌した。カーディフ城(*3)を中心としてアーケード街が連なり、街中歩こうと思えば歩けてしまうくらいの距離感である。カモメの背景に見えるのは、足元の石畳の両側に連なる煉瓦造りの伝統的な色合いを滲ませた古い建物で、英国パブの前では豪快に大ジョッキやパイントグラスでペールエールを飲み干す人たちがいる。あの八〇年代に見た記憶がよみがえる。大人の香りと彩りがある風景だ。

お揃いのTシャツを着た青年たちがあちらこちらで集い、高揚している。今日はミレニアムスタジアムでラグビーの試合があるらしい。ここウェールズ代表の愛称はウェールズの旗に描かれているレッドドラゴンである。

「THE R●AD TO JAPAN」

今度は、二〇一九年日本のワールドカップ出場決定が描かれた広告が目に飛び込んできた。

――ようこそJAPAN――。ウェールズという郡部で、日本へ招待するという文字を見るとは……。

結局のところ、すべて人々はつながり、そしてあらゆる糸をくぐりながらそれぞれが結びついてゆく。そこには断絶を示すような壁もなければ塀もない。心のバリアーさえ取り除けば、何もへだたりなどないのである。

●カーディフ大学での講演

英国の四月は今期の授業が終了して春休みに入るという時期だ。最終講義のまとめの日、これもまた偶然なのだが、この最終日に講演をすることになった私はカーディフ大学へ向かった。

少し肌寒い澄み渡った空の下、朝露がより一層際立たせた桜のピンク色の花々が咲き乱れる大きな公園を横切った。まるで交響曲のように、赤と白のチューリップやスミレたちが日差しに向かって花びらを大きく広げてさわさわと動き、白黒入り混じった鳥たちが芝生の上を走り、一生懸命ミミズを啄《ついば》み、楽しそうにハミングを奏でている。

煉瓦造りの三階建ての邸宅が連なる通りを歩きながら、少し早めにレセプションルームに到着した私は、ヒーターの入った入口の部屋で周りの学生たちを見渡した。

彼らの肌の色も髪の毛も目の色も微妙に何もかもが異なる。どこの国から来た留学生か全くわからない学生もいる。見た目でその人の出身国を特定することなどできない。活き活きと楽しそうに話す学生たちのルーツをたどれば、英国内のみならず、ユーロ圏も飛び出して世界中にまたがるに違いない。父方母方のそれぞれの違う血脈から生まれた彼らは、何処の国から来た人というよりは、その子自身がそこに存在することに意義がある、と主張しているようだ。

国境を越えたその先へ皆がつながっている。学問をともにする環境によって相手を尊敬する心が芽生え、世界を身近に感じるに違いない。これが平和の原動力になると感じた。

こういう異国の地で、あらゆるルーツの仲間たちと学ぶことは、自己の劣等感を克服し、心を鍛えることでその後の人生を豊かにするに違いないと確信した。

つい三ヶ月前まではこの地に来るとは思ってもみなかったが、実際にキャンパスに入ってみると、なぜかとても懐かしく、大学構内の雰囲気が実に心地よい。ついこの間までの博士課程で、いろいろな講義を受講していたときの学生気分がよみがえる。

さて、クリスの研究室は迷路のような古い建物の中をぐるぐる歩き、屋根裏部屋のような階段を上ったその先にあった。中に入ると、広くて心地よいその空間には、富士山の大きな写真や長野県の温泉に浸かるサルの写真、新幹線の写真が壁一面貼ってあり、風呂敷がテーブルクロス代わりで、醸し出す雰囲気は日本そのものである。本棚一杯が日本語で書かれた本でびっしりと埋め尽くされている。その中に私の本を見つけて嬉しさがこみあげた。日本ではクリスと日本語を使い、この英国では英語で会話をしたが、米語の発音に慣れ親しんでいる私にとってなかなか聞きづらく、おまけに彼はけっこう早口である。

「まもなくSusanneさんが来ると思うよ。以前、彼女は日本航空（ＪＡＬ）の文字を見ると呼吸ができなくなるって言っていた。日航を憎んでいた」

「え？　それでは私の存在で呼吸ができなくなったらどうしましょう……」

「透子は大丈夫だよ」

そんな会話をしながら彼女が来るのを待った。

今からお会いするのは、Susanne Bayly-Yukawa、スゥザンと呼ぶ英国在住の遺族である。クリス自身が彼女に実際に会うのは初めてということだった。クリスはＳＮＳでドイツやインド、米国に住む遺族の何人かとつながっていた。しかしながら、ＳＮＳでつながっていても、電話をしたり、実際に会うということはなかったそうで、彼女とは数年前からやりとりはしていたそうだが、過去の言葉の行き違いか何かでなんらかのトラブルがあって交流は途絶えていたそうである。

私がどうやら二人の初対面のシーンを設定したことになるらしい。思いもかけない偶然が重なって物事は動きだす。

ドアが開き、ロングヘアーをなびかせた小柄で細身の女性を見た瞬間、ああ、この人のパートナーだった故湯川昭久氏が今そこに一緒に立っているのではないだろうかという錯覚に陥った。そして彼女の最初の一言は、

「透子、会いたかった！　ロンドンからここまで来る列車の中で、隣の席にＡＫＩ（昭久の愛称）が一緒に乗っていたのよ！　私、そう感じたのよ！」であった。

●How to successfully re-investigate of the JL123 Crash

「世界中の若者が関心を持つことがこの世界最大の単独機墜落事故の再調査への道を切り開く成功の方法」をテーマとして、私は用意したパワーポイントを使用しながら真剣に聞いてくれている学生たちを前に講演を行った。

彼らはすでにこの学期において、日航１２３便墜落を題材として、その墜落の概要や事

故調査報告書の問題点を含めて、遺族の公開写真、古い新聞記事など十分な知識を得る学習をしていた。私の本も参考文献として参照し、様々な資料も読み込んでいたのである。その仕上げの最後の講義として彼らに私が伝えることは、あの時代を生きてあのときの衝撃を体験した者にしかない「リアリティー」である。

実際に乗務員として殉職をした先輩のボイスレコーダーに残るアナウンスの声を聴かせながら、私自身の持つ数々の疑問と、未来に向けて解明しなければならないこと、情報開示といった法的な手段について語った。特に『遺物は真相を語る』の分析結果を示し、航空機材が超高温で融解した物体に練り込まれていたベンゼン（いわゆるガソリンに含まれるベンゼン環）や硫黄といった検出物の説明をした。これらは航空機燃料や機材、積荷、山土（上野村の土）には、存在しない物質であるという事実を伝えた。ちなみに、これらが含まれているものは武器燃料である。この仮説については、それでは、なぜ、誰が、どのようにして持ち込んだのか、この事実をどうとらえるか、を考えてもらった。これによって世界中の国が抱える軍事問題や、その未来の有り様を考える、というのが彼らに投げかけた最大のメッセージであった。

次にスゥザンが、自分の最愛のパートナーを失ったときの悲しみや二人の娘たちのこと、その後困難な状況の中で生き抜く辛さなどの経験談を彼らに語った。三十四年経ってもなお、失った人への想いは年々強くなっていく、癒されることのない時の経過とこれからについて、若い彼らに生きる意味を投げかけていた。

学生たちは当然この事故発生時にはまだこの世にいない。両親は十代から二十代くらいである。両親ならばリアルタイムで覚えている可能性があるので話題にしてほしいと伝えた。学生からの質問では、「これからどのような方法でこの問題を解決に導くのでしょうか」、「こういう本を書くことで何か言論弾圧のようなものはありましたか」、「私たちにできることは」、「事故調査報告書の矛盾点について」などであった。持参した古い新聞記事や座席表を回覧してもらいながらありのままを答えた。

山下徳夫元運輸大臣へのインタビューの際に伺った山下氏の真意も伝えたところ、クリスは、

「山下氏は墜落前のフライト、福岡から羽田着の同じ飛行機に偶然乗り合わせた。その際に客室乗務員（二階席担当の木原幸代アシスタントパーサー）から、お孫さんにどうぞとＪＡＬの飛行機の模型のおもちゃや塗り絵などをもらった記憶が鮮明に残っている。だから、その彼女が殉職した、ということでリアリティーがあってそのように語ったのだろう」と分析した。それから英語版のウィキペディア（Wikipedia）で、日航１２３便墜落概要を書いているページがあるが、クリスがその内容が客観性を欠いていて誤りがあると、

何度直しても、必ず事故原因は事故調査報告書の通りだ、と書き直す人がいると説明した。

遺族のスゥザンから、

「こういう事実も含めて、海外のジャーナリストや英国の事故調査委員の前ですべて話をしてもらうように私は望んでいる。日本人遺族で、今もなお頑張って事故原因を追究している人は何人いるの？　透子の調査結果に反応した人は？」

という質問があった。

「今のところ数名しかいない。五二〇人もの被害者それぞれの遺族と四名の生存者がいるにもかかわらず、関心をもたない、無視をする、ということは大変残念です。高齢で亡くなってしまった人も多い。せめて五二〇人の死者のためにも、生存者も含めて、いかなる理由があろうとも、真相究明の先頭に立ってほしいですね」と話すと、スゥザンも学生たちも強く頷いた。

「日本人だけに頼らずに外国人の犠牲者は二十二人もいるので、彼らの遺族に伝えること、外からの圧力を形成することも大変重要なポイントだと思う」というクリスの言葉に、

「私もそう思う、絶対に外国人遺族も知るべきです。これは広く世界に伝えなければならない。それが私のミッションだと思います」と彼女は言った。

終了後にＪＡ８１１９号機（一九八五年八月十二日、墜落一時間前に羽田空港で撮影）

の写真をバックにして、「自分たちにできることをしていこう！」と気合を入れながら記念写真を撮影した。各国から来た学生たちを改めて見渡すと、アラブ系の風貌をした学生が一生懸命に周りに気を遣っている様子が感じられる。私は心の中で『頑張っているのね、良い友達をたくさん作ってね』と願った。終了後に、「お母さんが昔、ＪＡＬのスチュワーデスでした。名前は○○です」とにこやかな笑顔で近づいてくる学生がいた。父親が英国人なので自分はハーフだが、お母さんにこの話をしたら大変興味をもっていたそうである。ここウェールズにも不思議な縁がつながった、と感慨深かった。

　大学近くの爽やかな春風が吹きぬけるカフェの二階で、クリスとスゥザンと私は、無事に講義を終えた解放感で会話が弾んだ。クリスも日航１２３便について調査研究を始めてから、不思議な体験を次々すると語った。例えば、８・１２という数字にまつわるエピソードや誕生日がその日という人との出会いがきっかけとなったりして、偶然の重なりが糸口となって二冊の本を執筆したいきさつなどを語ったが、いずれも全く私と同様の体験談であったことに驚いた。こういった体験は国境を越えるのか、今日のこの日も何か見えないもので導かれた結果であり、それゆえに今、この地にいるのだ、そんな気がしてきた。

　三人でクリスの研究室に戻り、スゥザンが持参した遺品④のシガレットケースをテーブルの上に出した。朱色と白のシルクの布に大切に包まれたその遺品は御巣鷹の尾根で見つか

④故湯川昭久氏にスゥザンがプレゼントしたシガレットケース。
御巣鷹の尾根から遺品として見つかった。

⑤日航123便の遺族が御巣鷹の尾根から拾い、スゥザンに渡した航空機残骸の一部。

ったらしい。黒革仕立ての上質な煙草入れは、歪みも傷みもなく、持ち主の人となりを表すかのように、静かに佇む紳士のような様相を見せている。実は、他にもこの事故で亡くなった人が身に付けていた品物は、いずれも説明しようのない神秘性を帯び、見えない気迫が感じられる。

次に取り出されたのは、日本風の紙箱に入れられた飛行機の残骸⑤の一部であった。他の遺族から送られたものだという。ハニカムの具合から壁の一部のように見受けられる。

クリスの研究室にもガラスに入れられて大切に保管されている機体の一部がある。これは御巣鷹の尾根に登山した際に、突然自分の足にひっかかり、転びそうになったときに地表に出てきたものであった。その機体の破片は、自分を連れていってくれ、と叫んでいるようで、どうすればよいのか悩んだ結果、英国まで連れて帰った、そうである。

スゥザンは、当時の新聞も大切に保管している。「JAPAN AIRLINES 123 CRASH」と手書きで書いたファイルには、日本の新聞以外に英国での新聞報道⑥が切り取られて収集されている。

524 DEADとALIVE！の文字。

それぞれの文字からも国境を越えた五二四というとてつもなく重い死を覚悟しながらも、四名が生きていた、と奇跡のような驚きが感じられる。

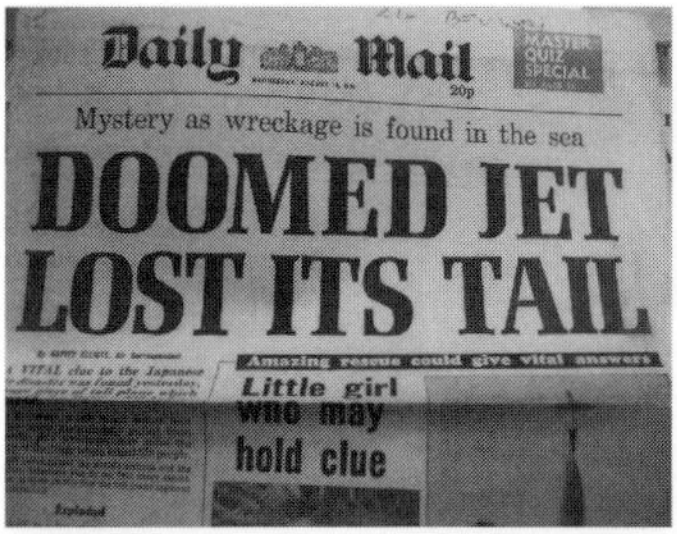
Daily Mail

MASTER QUIZ SPECIAL

Mystery as wreckage is found in the sea

DOOMED JET LOST ITS TAIL

Amazing rescue could give vital answers

Little girl who may hold clue

children who survived

524 DEAD

Another Jumbo disaster

ALIVE!

This was a Jumbo...

Tail is lifted from sea

Briton killed with his fiancee

Continued from Page One

MAIN THEORY Did the rear door fly off and hit one or both of the plane's rudders?

Rudder 1

Rudder 2

Worrying

Did they see crash looming on jet's TV?

Boeing admits jet door problems

Cargo

⑥墜落発生時、英国内で報道された新聞各紙の記事

どの遺族も大切な人の「奇跡的な生還を信じていた」その瞬間をとらえた記事であった。

日が少し傾きかけた午後、カーディフ城のお堀を取り囲む芝生が広がり、見慣れた黄色のタンポポや蓮華草がキラキラと彩る大学からの帰り道を、私はスゥザンと一緒に駅まで歩いた。

彼女はすっかり私に打ち解けて、彼女自身の過去について話を始めた。

「AKIと私が出会ったのは、私が二十一歳の時だった。

I believe we were destined to meet.」

それは想像をはるかに超えた運命の始まりだった。

●バレリーナとの出会いと壮絶な別れ

一九七八年冬、バレエ学校でバレエを学びながら、バレエのトレーニング費用を払うためにアルバイトをして生活していたスゥザンは、偶然、友達の日本人女性からロンドンのレストランでAKIを紹介された。五人の芸術的なつながりのメンバーで集まったのだが、初めて出逢った瞬間の彼の目の輝きとインスピレーション、それは今でも覚えている。

ＡＫＩは芸術性溢れる才能を持つピアニストであった。ただ、その才能と情熱ゆえに音楽家への道を歩むことを恐れた両親によってピアニストへの道は閉ざされ、長男ゆえに由緒ある家系の仕事を継ぐべく育てられた人だった。二人の驚異的で運命的な出会いは、その芸術性が導いたものだったのである。

彼女は辛そうに話を続けた。

「そのとき、彼は四十九歳から五十歳になったばかりで、すでに成人した二人の息子がいました。そして彼には十年ほど前から交通事故により、日本の病院で寝たきり状態となってしまった同年齢の妻がいました。脳機能障害となった彼女は深刻な状態が続いていて、回復の見込みはなかった。一九八六年、墜落の翌年に亡くなりました」

ロンドンでスゥザンと出会った人は、失意の中、単身でロンドンに赴任してきた、一人の悲しみを抱えた日本人男性だった。その名前のアキヒサから、愛称としてＡＫＩと彼女は彼を呼んだ。

「ＡＫＩはもちろん家族全員を愛していた、とても優しい人だった。病床にある妻の面倒は一生看るつもりだったし、私も結婚を迫ることはできなかった。成人した息子たちも一九八〇年と一九八一年に次々と結婚した。私たちの愛は純粋で、とても深かった。

彼の両親、ユカワカズオとタカコは、親としてＡＫＩの笑顔がうれしかったのだろう。

私たち若い家族を認めてくれて、大きな岩のように精神的な支えとなってくれた。高齢で亡くなる最後まで私たちの二人の娘を気遣ってくれた。

タカコは、病院に行って義理の娘である息子の妻を見舞い、私たちの家にも来てくれた。とても愛情深い人たちです。本当に感謝しています」と語った。

一九八〇年に大阪支店勤務となったＡＫＩと一緒に住むために彼女は日本に渡り、一九八一年に長女が生まれる。

スゥザンの父親は、彼女が十四歳のときに若くして亡くなっており、そこに父親の庇護のような面影と愛情を感じたのかもしれない。父親を亡くした後の彼女の母親は、長年鬱病に苦しんでいたこともあって、ＡＫＩと過ごした七年間はその後の人生でも得られなかったほど、幸せの輝く絶頂であったという。

しかし、その運命は思いもかけない方向へ彼女を導くことになる。

一九八五年七月、長女が四歳になり次女もまもなく生まれてくることもあって、法的な面での親子関係に関する証明を準備して養子縁組を考えていたとき、英国内の支店開設のために、身重の彼女を日本に置いて渡英した。その際、鬱病に苦しむ彼女の母親のお気に入りの香水を届けている。

そして帰国後の八月十二日に、最愛のＡＫＩは日航１２３便に搭乗して死亡した。

そして皮肉にもＡＫＩの仕事内容は、日本航空のボーイング７４７型機を中心とした機体のリースの取引の開始であり、彼はそれを担うＳ銀行総合リース会社の副社長であった。

彼の遺体が発見された八月十五日の翌日の十六日、ＡＫＩの両親のカズオとタカコと彼の長男は、Ｓ銀行のトップとの面会を求められた。ちょうどその頃のＳ銀行は、その後一九九一年に露顕したイトマン事件でも明らかになったように凄腕のワンマン経営者が牛耳り、後に逮捕者が出るほどの不透明な金の流れで黒いうわさが絶えなかった。

Ｓ銀行は、様々な混乱と当時の風潮を気にしたのか、スゥザンの存在を否定するように、今後彼女が一切の要求をしないことを求めるように強要してきた。さらに、日航やＳ銀行や関連会社に対して、いかなる形の損害賠償を請求することも禁じられた。二人の娘は確かにＡＫＩとの間に生まれた子供である。それを急にわずらわしい存在として、まるで犯罪者のように扱われたように感じた。タカコがその結果をスゥザンに伝えた。

「本当に申し訳ない、ごめんなさい」とタカコはスゥザンに謝罪した。タカコはＡＫＩの最愛の母親で、彼女にとっても母親同然であったので、その言葉に従わざるを得なかった。

誰でも愛する人を失った直後は混乱し、精神的に動揺が激しいものである。そのときに追い打ちをかけるような仕打ちを味わった彼女は、精神状態も悪化していく。その中での次女の出産であった。そして二ヶ月後、今度はＳ銀行の顧問弁護士にその旨の念書を書かされた。それはまるで「さっさと帰国しろ」と追い立てられたような気がした。

ＡＫＩは、会社のために働き、重要だという会議のために、大阪行きの飛行機に搭乗したのだ。あれほどまでに行きたくないと言いながら行き、その結果逝ったのだ。そう思うと、涙が止まらなかった。

彼女はこの日本での楽しい日々が一瞬で悪夢と化し、自分のアイデンティティそのものを否定されたような気がしたのである。

こうして失意のまま、一九八五年十一月十五日に日本を後にしたのである。

●死者からの伝言

四歳の娘にとって、突然の父親との別れと英国への旅立ちは到底理解できるものではなかった。生まれたばかりの次女は全く父親を知らない。成長するにつれ、なぜこのように自分たちに父親がいないのか、なぜあれほどまでに幸せだったのが不幸のどん底に突き落とされたのか、聞かれれば聞かれるほど彼女は何と答えたらよいかわからなくなっていく。唯一の心の支えは、ＡＫＩがいつも言っていたことを忠実に実行することだけだった。彼女自身の精神状態も回復しないままの幼い子供二人の子育ては壮絶な体験であり、心休まる日々とは程遠いものだったに違いない。

「子供たちに音楽の才能があれば、良い教育を授けてそれを伸ばしてくれ」

彼女は生前ＡＫＩが語ったその言葉を守った。幼い二人には並外れた音楽の才能があったのである。実は次女のダイアナは、今では映画『沈まぬ太陽』の劇中で曲が流れたように世界的に活躍するバイオリニストとなっている。

経済面は彼女たちの祖父母、カズオとタカコが支えてくれたが、当時の英国はインフレに向かっており、教育費も高額で物価もかなり高かった。音楽学校の高額な授業料とバイオリンやチェロ、ピアノのレッスン費用を捻出するために、

「私には良い収入を得るためのキャリアもなければ、バレエのアーティストとして自分を売り出すほど有名でもなかった。パートタイムジョブをして、英会話レッスン、日本人女性のホームステイなどで生計を立てた。私は二人の娘の最高の母親になると誓った」

娘たちの日本の祖父母は八十歳を超えており、そう簡単に行き来できないほど、個人の航空運賃は大変高額であったので、彼女は隔週ごとに手紙や電話で、二人の音楽のレッスンの様子を伝えた。

電話口でダイアナはバイオリンを弾き、キャッシー〔カサンドラの愛称〕はピアノを弾いた。成長の写真は数えきれないほど日本に郵送した。祖父母はＡＫＩの分まで、最善を尽くし

て愛してくれた。

「日にちが経つにつれ、娘たちはなぜ結婚しなかったのか、と私を責めた……」

子供としても、日本での父親との愛情溢れる生活と英国での三人しかいない孤独な生活の落差に苛立ちがあったのであろう。彼女は二人の最高の母親になれない時期が続いていた。

父親の日本の戸籍に娘たちの名前がない、これも耐え難い屈辱であった。

ＡＫＩの戸籍は和歌山県にある。紀伊新宮藩の藩医の息子でＳ鋳鋼所会長、Ｓ銀行第五代Ｓ本社総理事、貴族院議員で関西経済界の重鎮であった湯川寛吉にルーツを持ち、湯川一夫（二人の子供の祖父）が富士銀行の取締役、湯川高子⑦（祖母）は、元長州藩士で貴族院議員だった西村精一男爵の六女である。英国王室とも関係が深く、二人ともフランス語と英語が堪能で、一九五三年六月二日のエリザベス二世戴冠式に出席したという。

実は私の曾祖父が私財を投じて、今度新札にも登場する渋沢栄一らの支援を受けて地方銀行を創設した時期や貴族院議員を務めた時期とも重なりが出てくる。何か見えない糸が動き始めたような気がした。

このような一家の存在は、彼女にとって心の支えでもあったが、同時にＳ財閥からの圧力も受けやすく、彼女は表に出てくることの一切を禁止されていた。

⑦1985年春、桜の木の下にてAKIの母タカコさん、スゥザンと長女。
この時スゥザンは次女を妊娠中であった。（AKI撮影）

厭らしい人間に特有の性《さが》として、この問題は生命保険や賠償金といった所詮お金の問題と捉えられがちだが、本当の問題の所在は「個人の尊厳」が否定され続けた、ということにある。それはお金では計り知れないほど、生きていくうえで重要なものである。他人に人格や尊厳を傷つけられて自尊心を失ったとき、いじめ問題もそうだが人は自己否定されたことで自暴自棄になり、死に至ることもある。

一九九八年、タカコから突然の電話があった。すでに二年前に夫のカズオは九十五歳で亡くなっていた。

「自分の道を進みなさい」

というのが彼女のメッセージだった。

タカコは「息子の意思を尊重して、英国人妻と子供たちの存在を認めたい」と強い意志を示したにもかかわらず、会社はそれを拒み、結局のところこのような事態となってしまった。でもそれは良くない、正義のために戦いなさい、というのが彼女の最後の遺言となったのである。

"to go my own way"

その電話の数日後、タカコは睡眠中に老衰にて九十三歳で亡くなった。後に知ったこと

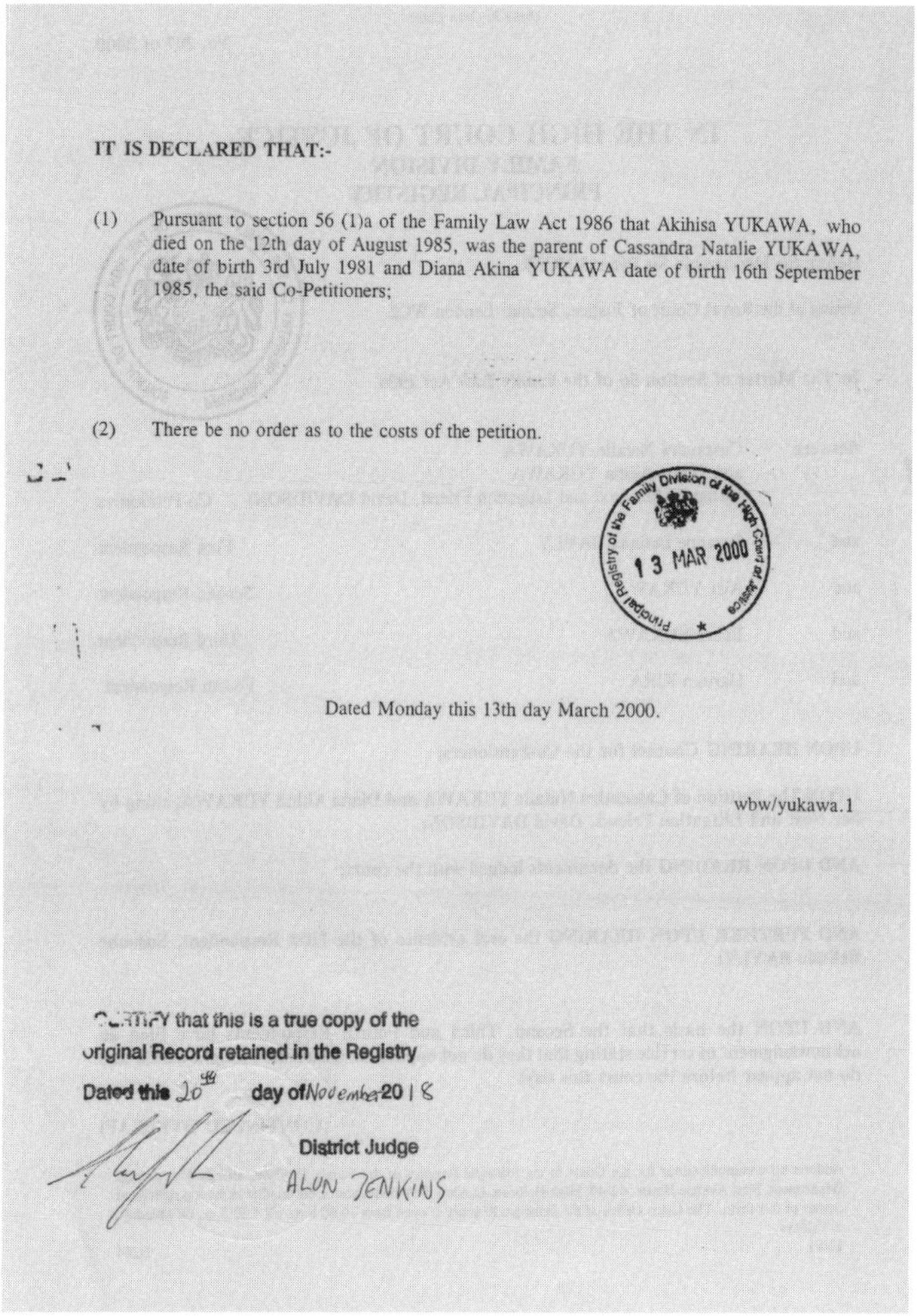

IT IS DECLARED THAT:-

(1) Pursuant to section 56 (1)a of the Family Law Act 1986 that Akihisa YUKAWA, who died on the 12th day of August 1985, was the parent of Cassandra Natalie YUKAWA, date of birth 3rd July 1981 and Diana Akina YUKAWA date of birth 16th September 1985, the said Co-Petitioners;

(2) There be no order as to the costs of the petition.

Dated Monday this 13th day March 2000.

wbw/yukawa.1

CERTIFY that this is a true copy of the original Record retained in the Registry

Dated this 20th day of November 2018

District Judge

ALUN JENKINS

⑧家族法に基づき、1985年8月12日死亡の湯川昭久氏とスゥザンの二人の娘が父子関係あるという内容の証明書・英国高等法院確定記録（2000年3月13日付）。この時から11年後に日本側の戸籍に二人の名前が記載された。

だが、英国の孫たちの生活を守るために工面してくれたお金は、S銀行から個人的にローンを組んで払っていたのである。

これについても婚外子であるし、金持ちだからいいじゃないか、といった嫌味な見方をする人もあろうが、二人の子供にはアキヒサの子として、父親の突然の事故死で発生する様々な権利は当然のことながら発生する。当時はその存在そのものを強制的に消されていたとなればさらに話は別となる。日本の婚外子に関する法整備もようやく整い、今では相続法が改正されている。

スゥザンはタカコの遺言通りに、コセキに二人の娘の名前を入れるために、積極的に行動を開始する。DNA鑑定には遺髪となってしまった彼の髪の毛が役に立ち、彼のメモ書きの様々な手紙をもとにして裁判が行われ、英国高等法院によって平成十二年（二〇〇〇年）三月十三日に父子関係存在確認の裁判が確定する。⑧その特記事項には次のように書かれている。

——責めに帰することができない事由のため期間経過——

年月の経過は、誰も彼女を責められない理由がそこに存在していた、ということになる。カサンドラの生まれた年が昭和五十六年、ダイアナが昭和六十年、十九年以上を経て、やっと父子存在の確認がなされた。

次は日本の戸籍への記録であるが、これが非常に難航していく。当初、前例がないということもあって市役所側に拒否された。

二〇〇九年、和歌山県選出のK国会議員の女性秘書に元日航ウィーン支店勤務経験者がおり、彼女が英語を話すことができたため、電話で話す機会があった。秘書のSさんは、子供の人権問題として必死に訴えるスゥザンの声に何とか答えたい、それが日航にいた人間としての責務だと考えたのであろう。これもまた不思議な出会いであった。

Sさんは、英国高等法院で認められているにもかかわらず日本で認められないのであれば、これは重大な国際的人権問題であるとし、法務省民事局に問い合わせた。

民主党政権の平成二十三年（二〇一一年）の三月三日お雛祭りの日、三十年以上もの長い時を経て、ようやく念願の戸籍に二人の名前が加わったのであった。スゥザンは、子供の人権に真摯に取り組んでくれたK国会議員と秘書のSさんには心から感謝すると語る。

不慮の事故によって突然生命を絶たれた一人の人間の願いがようやく叶った瞬間でもある。死者の想いを一歩ずつ実現させていくスゥザンの積極的な行動力は、日本での日航123便墜落の遺族にとっても大きな心の支えとなっていく。

スゥザンとまた翌日、今度はロンドン市内で会う約束を交わして別れた。

次の日、私は英国公共放送のジャーナリストや広報コンサルタント、故ダイアナ妃と関係が深く特権評議会メンバーの弁護士と一緒に日航１２３便について会議をする場を持った。

第二章　隠蔽の法則

●英国人ネットワーク

朝からテレビでは、欧州連合特別首脳会議の模様をブリュッセルから中継している。英国にとって重大な問題である「合意なき離脱」に陥るか否かの瀬戸際であった。英国のメイ首相はドイツのメルケル首相と同じ色の艶やかな濃いブルーのジャケットを着用して現れた。その色を選ぶということは、EUと私たちは一体ですよ、と言っているかのようだった。事の発端は、二〇一六年六月に行われた国民投票で離脱が賛成多数であったからだが、離脱に投票したという人のインタビューでは「だって、うちらの地方に来た離脱推進派の議員は、離脱すればこんないいことがあるって良い面ばっかり演説してね。実際にその後の展開ではさあ、近所の日本企業の工場は閉鎖されるっていうし、関税は増えるっていうし、全くだまされたよ」と怒りながら語っていた。偏った情報は結果的に人々を翻弄する。

このような混乱の最中、予定していたジャーナリストが急にブリュッセルに飛ぶことになったが、代わりに関心を持ってくれた女性ジャーナリストが来ることになった。

——すごい時に英国に来てしまった……。

このタイミングで日航123便の話をするとは……。

結局のところ英国のEU離脱の結論は、十月末まで先送りにすることに決定した。これでは日本企業も含め、英国内で工場を稼働している各国の企業は振り回されることになる。先延ばしとは、影響を受ける当事者にとって辛いものである。

私はここ数ヶ月、スゥザンとほぼ毎日連絡を取っていた。まず私の二冊の本(『墜落の新事実』『遺物は真相を語る』)とその内容をまとめた英文での要約を送り、そこで言及した数々の証拠物の写真をコピーして事前に送っていたのである。

彼女自身も想い出深い日本という国を好きではあったが、自尊心を傷つけられたことなどの個人的な問題や戸籍の件を通じて、それとは全く別の角度から日本を見る機会が多かった。何十年もの辛い日々を経験したことから、日本では物事がスムーズに的確に進まないという現実と直面していた。したがって一九八五年からの三十四年という長い年月の間、墜落原因が不明のまま放置状態であったことを理解しやすかったのだろう。彼女から寄せられた多くの質問は的確で核心をついていた。

彼女が最もショックを受けたのは、事故原因が不起訴で、いつまでもそのままであったということと、せっかく発見した海底に沈んだままの機体の残骸をいまだに引き上げていない、ということであった。なぜ引き上げずに放置しているのか、事故調査委員会(二〇〇八年十月以降、運輸安全委員会に改組）は何をしているのか、全く理解に苦しむと怒りを露わにしていた。

もしかすると事故調査委員は、犠牲者は日本人だけだったと勘違いしているのではないか。二十二名もの外国人が日本という国の当時半官半民だった日本航空という政府が出資する企業が運営する飛行機で、しかも遠い異国の地で突然に死亡したのである。逆の立場であれば、その国できちんと法的な裁きもなされないままの状態は信じられないだろう。事故原因不明のまま放置している態度は世界中の常識とは到底思えない。

そこには、外国人には黙っていよう、といった日本人同士による甘えが存在するのではないだろうか。

ついこの間まで、遺族会も海底調査や再調査を指摘し続けていたということで、二〇〇六年八月十二日発売（上毛新聞社）『8・12連絡会二十一年の歩み』に次のように書かれていること、その後も誰も動く気配などなく、いまだに原因がわからないことを伝えた。

「真実を求めて二十一年間――旅は続く」（旅路・真実を求めて）

――旅は二十一年前に始まりました。愛する人を失ったものたちが集まり、手を添えあうように生まれたひとつの輪。私たちは誓い合いました。嘆き悲しむだけでなく、顔を上げること。心の中に生き続けるみたまを慰めること。かけがえのない命とひきかえに空の安全が訪れるのを見届けること。そしてそのために、事故の真相をすべて明らかにすること（中略）それらの原因や理由や可能性を明らかにできなければ、愛する人の死を納得することはできず、再び空の悲劇が起こることを防ぐことはできません。

（中略）

依然として見えない真実もあります。

闇に葬られようとしている真実もあるかもしれません。

二十一年は長い旅路のひとつの区切りです。

私たちの旅は今も、これからも続きます。ひとえに真実を求めて——。

つまり、真実が知りたいという旅は、終わっていなかったのだ。

時期は前後するが二〇〇〇年、墜落原因に疑問を唱える記事⑨が出た。なおこの毎日新聞社は、一九八五年八月十六日夕刊にいち早くスクープ記事⑩として、圧力隔壁説を唱えた新聞社だ。それが自ら今になって疑問を持つ報道をしたということが最も興味深かった。

二〇一〇年八月には、国土交通大臣による初めての御巣鷹の尾根登山も行われた。実は

520人の犠牲者を出した日航ジャンボ機墜落事故から12日で15年になる。機体の炎上で焼け焦げた御巣鷹山(群馬県上野村)の山肌は今では濃い緑が生い茂り、墓標の傷みも目立つようになった。日本の航空史上最悪のこの事故原因をめぐっては、運輸省航空事故調査委員会が「圧力隔壁の破壊」とする報告書を公表している。しかし、現場のパイロットや遺族の間には今も疑問が残り、再調査を望む声も根強い。事故原因の疑問点とは何なのか。現場のパイロットの証言などから、検証した。【山田 泰正】

日航機墜落 きょう15年

「圧力隔壁説」に???

深層

日航機墜落現場で集められた圧力隔壁の破片。現在は日航が保管している=1985年8月22日

機内与圧低下の影響見られず

事故調が1987年6月に公表した報告書は、事故原因について「ボーイング社の修理ミスで、機体後部の圧力隔壁が破壊して、与圧空気が尾部胴体、垂直尾翼、操縦系統を吹き飛ばした」とした。しかし、当時から残る最大の疑問は「隔壁破壊によって起きたはずの急減圧現象が、本当にあったのか」という点だ。

気圧の低い上空を飛ぶ旅客機内の客室内は、エンジンから取り出した高圧空気をエアコンを通じて供給し、高度約1万㍍でも地上とほぼ同じ0・8気圧前後に保たれる。酸素マスクを付けなくても呼吸でき、耳が痛くならないのは、与圧装置のためだ。圧力隔壁は、胴体最後部におわん形にはめこまれ、客室内の高圧の空気を受け止めている。圧力は1平方㍍あたり約6㌧前後に達し、畳1枚分に乗用車6台が乗っている計算だ。

急減圧とは、与圧空気が客室内から急速に抜けること。激しい空気の流れが生じ、空気中の

在日米軍、現場降下直前に帰還

水蒸気が大量の霧となって現れる。しかし、4人の生存者の証言には、そうした現象が起きたことを示すものはない。

パイロットは減圧に気付けば即座に「デコンプレッション(減圧)」とコールし、酸素マスクを装着、3000㍍(1万㌳)前後まで急降下させる。あるベテラン機長は「一連の動作は、シミュレーターを用いた非常時の訓練で繰り返したたき込まれる。ボイスレコーダーの記録には、緊急操作についての言及がない」と疑問を投げかける。

ボイスレコーダーの解析にあたった関係者も「与圧が抜け、薄い酸素の中で飛行をしているはずなのに乗員の意識は明りょうで、会話も緊張感がある。減圧状態の影響がうかがえないのは、不思議だった」と話す。

疑問は、他にもある。墜落直後に百里基地(茨城県)から出動した防衛庁の偵察機やヘリコプターが現場を確認しているのに、「現場は長野県側の御座山や扇平山の斜面」と、翌朝まで

遺族に知らせず関連資料廃棄

現場の特定を誤った。

自衛隊機とほぼ同じ時間に現場に到着した在日米軍の輸送機とヘリコプターが、降下寸前に帰還を命じられたことも、疑問だ。迅速な救難体制を組んでいれば、生存者はもっと増えたのではないか。今も重要な情報が隠されたままになっていることは否めない。

こうした疑問が残っているにもかかわらず、事故調は昨年秋、事故の関連資料を廃棄した。当時の事務局長=今年6月退官=は「配慮して残してきたものであり、遺族に声をかける筋合いのものでもないと考えた」と話す。だが、事故調に対して再調査を求める要望書を提出している「8・12連絡会」事務局長の美谷島邦子さん(53)は「隠されている情報がすべて公開されてこそ、遺族の気持ちの整理もつく。遺族の苦悩に応えてほしい」と訴える。来年の17回忌がすめば、日本航空が保管している遺品や証拠品もどうなるか、危ぐしている。

運航現場のパイロットたちは、事故とどのように向き合ってきたのだろうか。

事故機の乗員たちとも顔見知りだったという日本航空のベテラン機長は「関西から東北へ向かう路線に乗務すると、御巣鷹山の上空を通過することがある。事故を知らない世代も増え、若い副操縦士には『あそこが現場だ』と、話題にするようにしている」と話す。「事故は安全運航への精神的な道しるべ。納得できる事故原因が得られるまで、風化させてはいけない」

「原因納得できるまで風化させてはならぬ」

◆ベテラン機長◆

だが、各航空会社は航空運賃の自由化など競争激化の渦中にある。全日空で事故機と同じボーイング747型機に乗務する機長は「機材の不具合の多発は各社共通の問題。行き過ぎた合理化による整備現場の荒廃が気にかかる。安全にあぐらをかくことが怖い」と危機感を隠さない。

'00・8・12

⑨日航機墜落から15年目に、自らがスクープした記事内容を否定する記事
『毎日新聞』2000年8月12日付

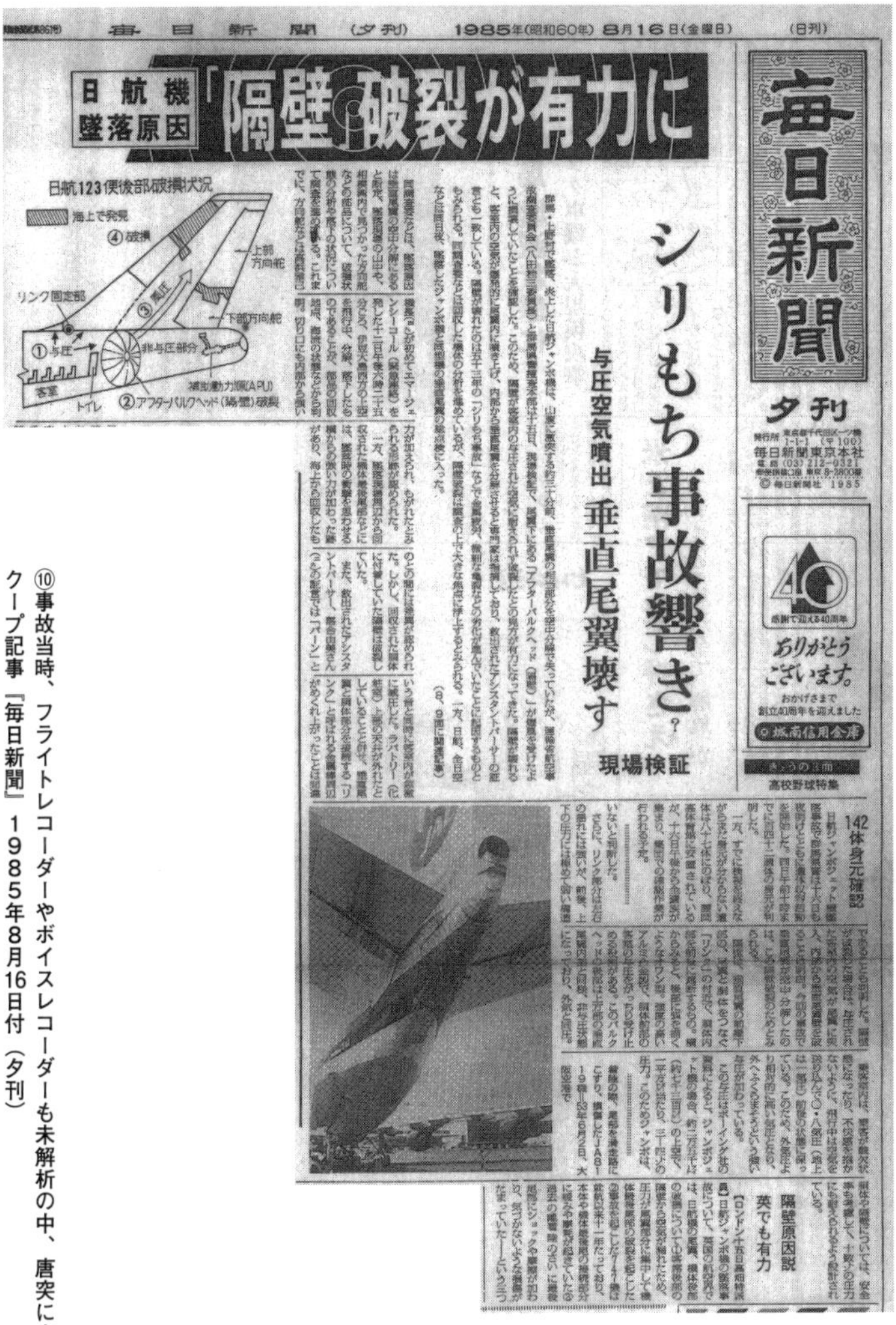

毎日新聞（夕刊） 1985年（昭和60年）8月16日（金曜日） （日刊）

日航機墜落原因

「隔壁」破裂が有力に

シリもち事故響き？

与圧空気噴出 垂直尾翼壊す

現場検証

毎日新聞

夕刊

毎日新聞東京本社

© 毎日新聞社 1985

142体身元確認

隔壁原因説 英でも有力

ありがとうございます。

おかげさまで創立40周年を迎えました

城南信用金庫

きょうの3面 高校野球特集

⑩事故当時、フライトレコーダーやボイスレコーダーも未解析の中、唐突に出たスクープ記事『毎日新聞』1985年8月16日付（夕刊）

このとき、カーディフ大学教授のクリスも英国人遺族とともに参加していた。息子を亡くしたピーターさん夫妻は、ご自身の年齢的にも今回が最後の日本訪問であり、最後の登山となると語っていた。夫妻の話では、前原誠司大臣（民主党政権当時）の言葉には、墜落現場が一晩中特定できなかったという報道も含めて、この事件に対する深い悲しみと怒りが感じられたとのことだ。これは半官半民だった日本航空という企業の世界最大の単独機事故であることからも、それまで自民党政権で、大臣が墜落現場に慰霊登山しなかったことが逆におかしかったのである。ようやく実現した登山だったと遺族は喜んでいた。

同年七月に解説本を出した際、その作成にあたって遺族側代表と事故調査委員や日航側とが会合をもつ機会が何度もあった。しかしながら、それからなぜか既存の連絡会は事故原因追究の看板を下ろしたようであったという。あまりの変貌に違和感を持つ遺族もいた。もしも重大なことを知り得たのであれば会員に伝えて情報を共有すべきであり、それが不透明であるならば遺族による会とはいえないのではないだろうかと語る遺族もいた。特定の人だけを全体の代表として扱うメディア側の姿勢も問われる。墜落原因は不明のまま不起訴となった、その事実報道をしなくなっていった。

日航１２３便の話を三十四年も経た今だからこそ英国の遺族にも語らなければならない

理由はそこにある。事故原因に異議を唱えた遺族たちが高齢でお亡くなりになることも増えてきた。これ以上の先延ばしは許されない。墜落原因不明のまま、誰も刑事責任を問われることなく公訴時効が成立したのは、亡くなった当事者にとっても遺族にとっても、誰が責めを負うべき存在なのかわからず、犯人からの正式な謝罪もなく曖昧なまま放置してしまったということだからである。

私たちが考えなければならないのは、そこに三十四年間、一切慰霊碑に手を合わせることもなく、哀悼の意を表していない真犯人の存在だ。誰しも望むことは、真犯人の心からの謝罪と、それをしてこなかったことの理由を聞くことではないだろうか。やむをえない正当な事由があるならば裁判でそれを述べて法の裁きを受けなければならない。五二〇の命が失われたのは事実であって、科学的証拠物は真犯人の存在を物語っているはずだから、これだけの事件をうやむやにさせたままで忘れ去っていいわけはない。

さて日航123便に関する会議だが、過去、誰も英国でこのような会議を設定したことはない。見えない糸が動き出した瞬間であった。

薔薇がつぼみを開き始める緑萌える晴れやかな午後、薄手のロングコートを羽織った英国の老紳士と若いジャーナリスト、鋭い視線の弁護士たちが集まってきた。主な参加者は次の通りである。

――M・B氏

元政治ジャーナリストで、英国で有名なロビー活動を行うプロの政治コンサルタント組織の議長を務め、最も影響力のある一〇〇人に選ばれ、様々な賞を受賞。EU広報センターディレクターとして活躍し、彼のネットワークは英国のみならずEUの業界団体、政府、地方自治体など世界中の企業や組織、幅広い分野を網羅している。

――R・C氏

BBC放送のジャーナリスト。独自の切り口から取材して番組を構成するニュースキャスターでもある。

――O・M法廷弁護士

イングランドとウェールズの法廷弁護士として、企業のコンプライアンス、国際的犯罪、企業犯罪、危機管理を専門とする。

――J・T法廷弁護士

英国ではバリスター（Barrister 法廷弁護士）とソリシター（Solicitor 事務弁護士）という称号があるが、彼女はバリスターとして多種多様な刑事訴訟、民事訴訟で起訴及び弁護を担当している。

まず、私が事前に準備をした、日航123便墜落事故の概要を説明するパワーポイントを英語で記載したものと議事進行、私のプロフィールを配布した。

メディアの役割と再調査の可能性を中心に、五二〇人死亡という世界最大の単独機事故の墜落原因が不明のままだということ、その後誰もこの問題を取り上げることなく三十四年間も放置されているということに納得できない遺族がいるということ、英国人犠牲者もいるということなどを伝えた。

私が指摘した主な疑問点は次の通りである。

1. 検死担当医師が示した客観的所見によれば、遺体が二度焼かれているということ
2. 炭化状態が著しい遺体が三分の一ほどあり、通常では考えられないほど骨の芯まで焼かれていること
3. 目撃情報が書かれていない事故調査報告書の内容と実際の目撃者の目撃情報に整合性がないこと。特に航路下の住民、自衛隊員、成人女性、成人男性、上野村の住民及び地元小学校と中学校の生徒たち（二三五名中一三〇名〔約55パーセント〕）もの人

間）が、目撃情報を寄せているにもかかわらず、その内容は明記されていない。

ちなみに、目撃情報の信憑性については、目撃時刻が明確で、目撃の場所、その人の立場、年齢、職業等にばらつきがあってなんら共通点がなく、その状況を語る際に報道関係の影響を受けず、その行動に信頼性と語る内容に整合性がある場合、それは裁判でも証言できるほど十分な価値がある。

4．目撃者が多数いるファントム2機をいち早く墜落前に飛ばし、日が沈む前のまだ十分明るいうちに墜落場所まで日航機と一緒に飛行していたこと、墜落まで見届けて場所を特定した自衛隊はお手柄であって、何らそのファントム機を墜落前に飛ばしたことを隠す必要がない。事故原因に全く関係のない自衛隊の行動は、むしろ国民から称賛されるべきことである。なのに、なぜファントムの存在や墜落現場の特定ができたことを隠す必要があるのか。わざわざ自らの手柄を捨てて、墜落場所を一晩中不明と公表する必要はない。なぜならば、墜落を引き起こした犯人は「ボーイング社の修理ミスに起因したものゆえ、その経営者及び修理担当社員」と「それを見逃した日本航空側の経営者および整備関係者社員」であるのだから。

一連の不可解な自衛隊の行動は、墜落現場に落ちていた融解した黒焦げの機材（飛行機の一部）について行った科学的証拠の分析でその理由が証明されるのではないだろうか。

そこで、私は彼らに昨年の科学的調査結果を報告した（詳細は『遺物は真相を語る』参照）。

その結果から、SDF（Self-Defense Force 自衛隊）が絡んでいる可能性について詳細に話をした。私たちにとっては驚愕の事実であるが、彼らにとってはそういうニュースは山ほどある、という表情であったのが印象深い。

ジャーナリストのRさんは非常に熱心にメモを取り、細かい点についても質問をしてきた。そのやりとりを横で聞いていたスゥザンは、一晩中不明ということで救助をしなかったという点では頷きながら涙ぐんでいた。ただ想像できない部分も多く、このような場でいろいろな人の意見も交えて話すことでだんだんと辻褄が合って納得していった様子が見受けられた。

「せっかく見つかった海底に沈んだままの機体の残骸をなぜ引き上げようとする人がいないのか」が大きな疑問とRさんは語る。そういった引き上げ作業は再調査につながる可能性もあるので、事故調査委員会がしなければならないことである。さらに日本航空も自分たちの航空機の残骸のありかが、さほど深くない水深一六〇メートル地点で場所も明確にわかっているのであれば、直ちに引き上げて安全啓発センターに収容して科学的調査分析を行うことが、不起訴となっている現状におけるせめてもの道義的責任ではないか、と議論は続いた。

彼らは「遺族会とか、特に四名の生存者は先頭になってこの事実を語り、疑問を唱えるのがどの世界でも常識です。貴女の知り合いのアシスタントパーサーもいたのでしょう。慰謝料やたとえ口止め料を受領していたとしても、全くそれとは別の義務がある」と語る。私もそのあたりの日本人特有の精神性をかなり疑問に思っている。

「それにしても、なぜこのような事実を日本のメディアは放置しているのか、信じられない。どうして今まで取り上げなかったのか」というのがRさんの憤りであった。

そこで私は報道関係者に以前、海底に沈んだ機体を「なぜ引き上げないのか」と聞いたところ、「デスク以上の人間から、あれは、たいしたものではないからと言われた」と答えられたと伝えた。それは学術調査の結果でもなければ、何の根拠もないことを報道関係者の上層部が広めていることになる。明らかに自らの報道を否定し、その内容を価値がないと思わせるデマといえる。いつまでたっても各報道機関が後追い報道を放棄している旨を伝えた。

なおこれには想像を絶するような逸話がある。当時の事故調査委員長（武田峻氏）は、

十名の遺族に海底捜査を早急に行うように詰め寄られた際に、

「あのですね、お金がないというせいではないのですよ。お金の問題じゃない。海底から事故調査結果と違うものが引き上げられたら困るからですよ」と叫んで、居直ったそうだ。そのことを当時のその場にいた遺族から伺ったのである。事故調査委員長のその一言があまりに想定外であったので、皆が唖然として凍りついてしまったという。

「きっと国を信じ切っていたからでしょうね、まさか、誰もが国が嘘をつくとは思わなかった。今考えると、あの発言はおかしかった」

「でもはっきりとこの耳で私は聞いたのですよ！　こんな人たちが書いた報告書なんか、何も信じられるはずがない」と遺族は強い口調で語った。遺族側が嘘をつく理由も必要もなく、ましてや複数の人間が聞いている。そのこともスゥザンに伝えていた。

私は「誰も海底から引き上げようとしないのなら、私は本の印税で引き上げようと考えたのです。でもこれを言えば、売名行為だとか、販売を阻止する嫌がらせを受けかねないので、関係者以外には言っていない」と本を書いたときからの決心を打ち明けると、政治コンサルタントのM氏は、

「そんなことを個人でする必要はないし、ルーズマネーだ。貴女は書いた価値がある」「メディアが注目しなければその引き上げも誰にも知れずになかったことにされる」「逆に言

えば、個人的に不都合な人（おそらくまだ生きている当時の元首相や親しい関係者だろう）が、個人的人間関係を使って、なんらかの指示やお願いという形の言動でこの問題に対して圧力（地位の優遇や金銭と引き換えに）をかけ、メディアが自発的にまたは意図的に、一般人が注目しないように、この問題を取り上げることを避けているのかもしれない」さらに「貴女は、今まで妨害や言論への圧力など嫌がらせを受けなかったか」と真剣なまなざしを向け、心底心配した表情で私に問うた。

「その質問は実は昨日、カーディフ大学で講演をした際に学生から受けた質問と同じです。皆さんそのように心配してくれるのですね」と少し微笑みながら私は言った。

ちょうど、テレビではウィキリークスのアサンジ容疑者がロンドン警視庁によって逮捕されるというニュースが飛び込んできたからだろう。ロンドンのエクアドル大使館に籠城していた彼の顔がEU離脱と並んでトップニュースであった。

私はなにもそんな大物でもなく、単なる独立研究者にすぎない。ただひたすら真剣に語る遺族の漏れ出た小さな声を、時間をかけて一つずつ拾い集めて分析をしてきた。その声に耳を貸さず、意図的に消し去った人がいる以上、世に出ずにいた声を書き記したのである。そのような真意を汲み取らず、明らかに恣意的で否定的に人を貶《おとし》めようとする人が少なからずいるのは事実である。特にネット上では匿名ゆえ過激になりやすい。目撃者に対して「そんなはずがない」と根拠もなく否定する本を出した人もいたし、一部のみを切り取った情報とお金に狡《ずる》い人間の厭らしさを煽り、なり振りかまわない記事が出たこともあった。いずれも誰が読んでも醜いものであった。以上のことはネットも含めて名誉棄損でこちら側が訴えることは十分可能である。しかし、この問題は、世界最大の単独機墜落事故の事故原因であって、いくら個人攻撃をして火を消そうとしても、いまや世界中にその怒りの炎は伝わっているのである。

それにしてもなぜ、このように歪んだ心で正義感を装った人が出てくるのであろうか。なんらかの理由で依頼されているのだろうが、体制側にしがみついていなければ自分が蹴落とされるという不安感に陥った、その人自身の自信のなさが出たと言われても仕方がない。もちろん当時の利害関係者や当事者本人の焦りがその背景にあるのだろう。とにかく隠そうとする意図が透けて見え、十分な思考がなされていない。

こういった主張は突き詰めればその人の保身、ということになる。いかなる理由があったとしても、三十四年も経て過去の人間が未来を支配してはならない。年老いてもなお隠そうとすることよりも、次世代のためにも真相を語る人間に成長してほしい。

多くの読者は、本という媒体を通じてこれらの事実に向きあい、自らの意思を持って深く共感して考え、その真意を理解してくれている人たちである。特に『墜落の新事実』が、全国学校図書館協議会選定図書となったこともあり、全国の高校生や大学生が読んでくれて骨太の感想文が届くこともある。A県立高校のリベラルアーツクラブでは、一年間もかけてこの問題を取り上げ、文化祭で発表したとのことだった。彼らの真剣なまなざしや熱意が伝わってくる資料や写真がたくさん出版社に送られてきた。

このようなことを背景として考えてみるに、言論弾圧を受けている、というよりも、焦った一部の人間と結託した見えない圧力や後ろから殴りかかるような厭らしさは、むしろメディア側の人間の中に存在すると会議の出席者に語った。

ジャーナリストR氏は信じられない様子であったが、それも日本の現状であるから仕方がない。政治コンサルタントのM氏は、

「なぜ貴女がそこまで調査して書くのか、書く理由は何かあるのか、今このように英国でそれを発表することの時期的な根拠は？」といった質問が続いた。

書く理由についてとは、面白い質問であった。もちろん殉職した先輩たちの無念の想いや遺族の深い悲しみが私に伝わったことも理由の一つだ。一九八五年からの一次資料を中心に調査していくうちに、「人としてやっていいことと悪いことがある。これは許せない行為だ」との強い憤りを感じたことがきっかけでもある。さらに私のルーツからくる独立自尊の心根としか言いようがない部分もある。ただこれは親兄弟でも異なるから個人の持

って生まれた性分かもしれないが、研究できる自由な環境があることも重要な要素の一つだ。

もともとそこに依存心や欲がない人間同士のつながりは、私利私欲を超えてそれぞれが自分の問題として考える心地よい関係を作り出す。そこには主従関係もなく、貨幣経済とは全く別の意識が根底に内在していよう。

しかしながら世知辛い世の中で、金銭を中心に狭い視野でしか物事を考えられない人にとっては、それが不思議でしかたがないらしい。思惑がそこに存在する人間は、自ら墓穴を掘り、なんらかの利益を得ようとする人は必ず自ら去っていく。

無論、人間は弱いもので時と場に応じて善悪のどちらも顔を出す生き物ではあるが、どちらの顔が強く出てくるかは人によって異なる。究極的にいうと自分の内部に潜む恐れとの闘いだ。さらに何か重大なことを知り得た人や発見した人は、それを突き詰めていく人と放棄する人に分かれていく。良い例であれば、ノーベル賞受賞者のスピーチでもわかるようにその大半は己への挑戦であり、その過程は苦難の連続でもあり、それでもなお、より良い世界を築くためにと踏ん張る、その根っこにあるのは科学的な探究心と自立心であろう。

なぜ今英国でこの話をするのかという、このタイミングに関しては、偶然の重なりがいつのまにか必然性を帯びて今があるとしか語れないほど、不思議な縁の重なりあいがそこにあった。誰もが抱く疑問を一つずつ解決すべく、一歩ずつ進みながらそれを提起し続けたその先に、やっと見えてきたという感じである。そして日本で自尊心を傷つけられたスゥザンに対しては、日本人としてなすべき役割を果たさなければならないという思いもある。

英国で日本航空のパイロットが逮捕されたという報道に憤りを感じた彼女の積極的な行動が、この会合を実現させたともいえる。

さて、ジャーナリストたちの熱心さと対照的に、O弁護士とJ弁護士の対応はクールであった。彼らはスゥザンの戸籍に絡んだ個人的な問題を長年ボランティアでやってきた。その過程で急に現れた日航123便墜落原因については、どちらかというと関連性がないとして、企業犯罪という視点での展開となった。民間機関で調査委員会を設置しても時間ばかりが経ち、高齢の遺族は亡くなってしまうだろう、との見解だった。

彼らの最大の疑問は、

「犯人は証拠を隠滅し破壊することが常識だが、日本航空が生データを破壊せずに保管しているとすれば、その意味が解らない」というもので、

「自分が不利となる証拠物を今でも持っているはずがないと思うが、なぜ彼らは今でも保

管しているのかわからない、きっと破棄しているにちがいない」

というのが彼らの見方であった。

どこかに捨てることや破棄することには重大な責任が伴う。その重荷は計り知れないだろう。破棄した人間が特定された場合、個人的な責めを負うことになる。それほど明確な責任を背負いたくはないというのが組織でしか行動できない人間の性《さが》である。明らかに意に反する行為をする場合、日本人は集団ではできても、人ひとりで責任を背負ってまではできないと説明をした。

もし保管しているとすれば、あれだけの人間がなぜ死亡したのか、という事実を公文書同様に次世代に伝える手段を残しておきたい、という崇高な理念からとは思えない。もちろん、そうであってほしいと願うが、おそらく、どこかに自分たちの無実の証明を後世の人間がいつかしてくれる可能性があるのではないか、という微かな期待があるかもしれない。前著（『遺物は真相を語る』）で、日航側が保管している事実を書いたが、今度はそれが知れると不都合な人たちからの圧力で、自分たちは持っていません、という答えを用意してくるだろう。心理分析的にも次の展開は簡単に読めてしまう。ここには、そう答えれば済むという甘え、いまさら過去の決定を覆《くつがえ》して自分が真相を切り出す勇気など全くないという弱気、配慮という名の無責任が入り混じる。

英国人にはその心の機微や根底にある心理が理解しにくいのかもしれない。外から見れば、自らメディアの役割を放棄する人がいたり、事故調査委員長の疾《やま》しさゆえの発言だったり、不利となる証拠物を保管し続けていたりと、一見、表層的で体制に従属的な日本人像が浮かぶのだろうが、その入り混じった不可思議な精神性に大きな疑問をもつようだ。

特に日本人同士ならば強気であっても、外からのプレッシャーに弱いという屈折した側面も持つ。おそらく、小さな村社会程度の規模であれば、お互いの顔が見えて相手のルーツもわかり、自分たちで決められる範囲が小さいゆえ、相手を戒めたり許したりができる環境が整う。そういった知恵の積み重ねが問題の解決を導くこともある。しかし、近代における複雑な人間関係や、住居の移動も含めた社会的環境は、かつての村の規模を遥かに超えている。その範囲や情報量の拡大とともに知恵のみでは解決できず、年齢に関係なく、さらなる勉学による知識の増強や人間側の意識改革が不可欠となっていく。そのためには外からの視点や刺激は重要である。ただし、誰も責任を取りたくない、という姿勢は外国人には理解不可能であった。

実は日本において、こういうメディアの人や官僚の人たちと話す機会は何十回もあった。話をしている最中は強い関心を示してくれるが、「なんとかしよう、上司に話をする」と持ち帰ると、そこから先が進まなかったケースがほとんどだった。その後の結果を聞いたとき、一番驚いた答えは、「家をローンで買ったばかりだから」、「老いた母親の入院で大変だから」といったプライベートな答えで、本筋とは程遠い理由でお茶を濁されたことも多々あった。

「日本のメディアもこれを取り上げないなんて信じられない、貴女の本は読みたい、日本語がわかるスタッフがいる」というのでジャーナリストのR氏に拙著や持参した資料を差し上げた。

あっという間に四時間以上が過ぎていた。

「ぜひこの問題について報道ができるように頑張ってください」と言うと、彼女は「上司に相談してからじゃないとわからない」と答えた。

それは結局のところ、日本人と同じ答えじゃないの、と皆さんと一緒に苦笑いをした。

上司と相談しているうちにいつのまにか泡のごとく消えないように、英国人遺族のためにも確実に報道をしてほしいと願いながら固く握手をした。

O弁護士には、「この人はお金で動いているのではない、クレージーなくらい純粋なビジョンを持っている」と思われた様子で、それに驚きながらも彼が私を尊敬してくれているのを感じた。握手をしながら「今日はありがとう。貴女は素晴らしい仕事をしている」と言われ、皆さんと別れた。

新しい視野に立つ人たちとの会話には未来を感じさせる何かがあった。それぞれの分野を超えたネットワークと新領域への挑戦に必要なのは、信頼関係を基軸としたつながりであると実感したのである。

そして次は、国際航空安全調査員協会（ＩＳＡＳＩ）の航空作業部会議長を務め、航空安全調査員を代表する世界的な専門機関のＩＣＡＯ（国際民間航空機関）のＡＴＣ（航空情報通達）メンバーでもあるＤ・Ｇ氏と会うことになっていた。

●政治的干渉という妨害

英国の衝突調査官兼航空安全コンサルタントのＤ氏は非常に多忙である。世界中の航空機事故関連の会合でスピーチをする彼の主なテーマは「適正調査とプロセス」で、「政治がしばしば航空機事故調査の邪魔をする」ことについて明言している。

「航空機事故調査はドライ、乾いた技術的な調査を行わなければならず、政治的干渉があってはならない」と明確に指摘し、事故原因について、政治的に敏感な細部の調整など必要としないし、あってはならないという信念を強く持っている。そのＤ氏に対して、私は『遺物は真相を語る』で発表した、航空機材料と断定できる融解物の分析結果に「ベンゼン環」と「硫黄」があったと事前に伝えていた。それに対して大変興味深いという返事をもらっていたのである。

また彼は、「ヒューマン・エラー」という使い古された結論について、パイロットのせいにすれば彼らは死亡しているため、簡単に調査が終了できる便利な言葉だとして、昔からどの国でもそれを使いやすいと語る。しかし時折、事故調査に政治的圧力がかけられている現状を踏まえて、「ほとんどの捜査官が、何が真実かに大きな重きを置くが、政治がその中に入ってくる」、それによって「なぜ飛行機が墜落したのか」についての真実が歪められかねない。果たして私たちは本当に真なる原因の情報を与えられているのだろうかとの疑問を提起しているのである。特にその国の運輸大臣が航空会社を代表する場合は、事故調査委員長を交代させ、誰かのせいにすることも可能だという。特に飛行機という第三者が簡単に見ることができない空の空間における事故は、隠蔽しやすい環境にあるのだ。

このように彼は、明確に政治的干渉の存在を語り、それを各国の航空機安全委員会で講演し、それについての報道がなされ、世界中がこの問題を議論しているのである。

英国の事故調査委員が語ることができて、日本の事故調査委員が何も語れない理由は何だろうかと思わざるをえない。

日本では、一九七四年に航空事故調査委員会が運輸省に設置され、その後米国の国家運輸安全委員会を参考として、政府から独立した強い権限を持つ組織が必要であるとの結論から、国土交通省の外局として二〇〇八年に運輸安全委員会となり、独立した意思決定ができる組織を編成して発足したはずだ。しかし、いくら形だけ独立したとしても、その精神が独立していないのであれば全く無意味である。さらに身内意識の強さから、日本人特有の臆病さや過剰な恐れもあろうが、信念を持ってなすべき仕事が遂行できないから責任が持てず、都合勝手な解釈で不都合な調査資料を破棄し、甘い許しがまかり通る。

いつまでたってもこの連鎖では、この国に住む私たちの未来が脅かされるのである。

さて、D氏の予定はずいぶんと先までびっしりと詰まっていた。当初は私のロンドン滞在中には会えないという返事をいただいていたのだが、急に朝からであれば会えるということになった。早朝にシンガポールから帰国するというその日、ロンドン・ヒースロー空港から自宅に帰る前にお会いする機会を得たのである。

私は朝の八時にホテルのロビーで待ち合わせをした。

あらかじめ伝えていたロビー階のミーティングスペースに行くと、すぐに背の高いD氏は知的な風貌の柔和な笑顔で現れた。お互いに名乗って挨拶をし、機内で朝食を食べたとのことだったのでコーヒーを注文した。まだ到着していないスゥザンが自宅からロンドンまで列車で二時間程かかる旨を説明しながら先に日航123便墜落の概要と問題点、私の調査結果について話をした。D氏は羽田空港新整備場の日本航空安全啓発センターに行って機体の残骸や展示品を見ている。その感想も伺った。

「後部圧力隔壁の単純な修理ミスという点では、事故調査報告書の通りの展示で、すべては辻褄が合っている。何の問題もないように見えた。ただし、ボイスレコーダーの展示ではその一部を聞かせていたが、完全に編集したものだった。通常、コックピットの声の背景にはいつも連続した状態で様々な音が入っている。客室でのアナウンス、自動音声、機械が発生する音、管制やカンパニーとのやりとりなど、これらの背景には常に一定の音が続いていていなければならない。突然背景の音が変化するものでもなければ、音のトーンが変わるものでもない。あれは会話以外の音が故意に編集されているので、ボイスレコーダーの生データとは言えない」と語った。

ボイスレコーダーの背景の音は、一定の音がずっと続いている。確かに、自分がビデオ撮影したものでも、カットして編集をしない限り、その場のその音は、自分たちの会話の後ろで一定の音量で続いているものだ。

この日航123便のボイスレコーダーの背景音には連続性のある音が聞こえてこず、公表されているものはカットと編集とコピーの繰り返しだと彼は語った。私は、

「報告書に文字で書かれたコックピット内の機長らの会話には辻褄が合わない部分が多数ある、急に雑音が入って聞き取りにくいというのが事故調査報告書に書けなかったという理由だとされている」と伝えた。

D氏の言葉を借りれば、突発的事態があったとしても、背景の音は一定であるのだから、急に雑音は入らないことになる。ましてや、空の上であって路上の交通でもないのだから、隣の車線を急に暴走族の車が爆音で走ってきて雑音がひどかったから、というような状況とは全く異なる。例えば、突然コックピットドアが破壊されたとか窓ガラスが割れたということもなく、会話が妨害されるほどの雑音が急に都合よく適度の間隔で入るわけがないのである。

D氏は、あれはコピーアンドペーストの産物であろうと語った。

私が指摘した目撃情報と報告書のズレについては、

「例えば実際と異なる結論を出したいとき、政府の圧力で急ぐ場合などは、どうにでも言い訳をする場合もあるようだ。過去において、五十の目撃情報があったとしても、あの人は酒飲み、あの人はおかしい、あの人は反体制派、あの人は○○党だからなど、偽りの理由を付けて採用されないこともあったし、本人への買収（もちろんわからないように）やその人の子供や親戚の就職先の紹介等々、それで取り下げ、っていうこともある。まあ、いろいろあるのだろう。いずれもあってはならないことだが……」と苦笑いした。だから、政府の思惑の介入は許されない、というのが彼の持論である。彼はユーモアあふれる表情で、身振り手振りで語ってくれた。

公訴時効成立後に返却され、遺族が公表した機内写真を見せながら、そのときの機内温度がマイナス40℃で高度から割り出しておよそ十六分間も飛行していたと事故調査報告書に書かれている点と、写真を見る限りにおいて、乗客が半袖姿で機内にある毛布も肩に掛けず、寒くて凍えるような表情もなく、どう見ても十六分間もマイナス40℃の環境にさらされていたとは思えないと言うと、

「毛布は急減圧で吹っ飛んだのだろうともいえるし、高度を下げて機内温度が上がってからの撮影かもしれないともいえる。つまり相手側は、なんとでもいえるのですよ」と言いながら、一般的な話として、機内温度と外気温の関連性やボイスレコーダーの録音チャンネルの説明をしてくれた。さすがに私の詳細な調査や研究の内容は十分に伝わっていなかったようだ。実はロンドン滞在中に急にお会いすることになったため、彼の分の資料や拙著は持参してこなかった。手元のパソコン内にあるパワーポイント用の資料と写真しか準備できない。

そこで私はＷｉ‐Ｆｉに接続をして、今から四年前の二〇一五年八月十二日に、飛行航

路真下で発見された相模湾に沈んだままの日航機の残骸のニュース（テレ朝ニュース）報道をその場で流して見せた。

するとそのニュースを見ていた彼の表情が真剣になった。海底で撮影された映像を見ながらこれはＡＰＵ（補助動力装置）とそのまわりにあるものだと言いながら、このような重要な証拠物を引き上げていないという事実に大変驚いていた。それも、水深一六〇メートルというさほど深くないところの、飛行ルート直下に沈んだ物体である。事故調査委員会が出した結論が、推定のままであって不起訴に終わっているのであれば、このような重要な証拠物を引き上げて再調査すべきところをいまだに放置しているとは信じがたい。当時もこれを引き上げることを検討すらせずに、なぜ報告書を書いたのか大きな疑問だ。現在において、その場所までわかっているのだから、生存者や遺族が真っ先に声明を出すべきである。生存者が四名いるのであれば、彼らの役割は必須である。それにしても日本の事故調査委員は何をしているのか、という呆れた表情であった。つまり、これはどう考えても当たり前に調査すべきことなのである。

さらに私は、修理ミスとされる後部圧力隔壁は、実は日本と米国の事故調査委員が到着する前、つまり詳細な合同調査をする前に、自衛隊が勝手な判断で、大きな電動ノコギリを用いて五分割してしまっていた、と説明した。それがあの安全啓発センターに展示されている。つまり、調査する前に現場を保存せず、意図的とも思えるほど、さっさとカットしたのだ、と伝えた。その理由を生存者救出というが、地元消防団で生存者を救助した人の話では、救助活動の現場とは全く関係のない場所だったという。さすがに電動ノコギリの件も、彼は全く知らなかったようだ。

私は元日航整備士とも何度か連絡をとった。そのうちの一人、同機の事故前に点検をしていた整備士は、国内線は何度も離着陸を繰り返すのでその都度空港にて簡単な点検を行うが、プレッシャー・リリーフ・ドア(＊4)は、極めて通常通りで正常であったと言っていたことも伝えた。

考え込んだD氏は、海外での様々な航空機事故の事故調査が十分できていないケースについて説明をし始めた。特にマレーシア航空機行方不明事件(＊5)については、いろいろな原因とその理由を説明してくれた。これについても、いつかは明らかになる日が来るだろう。いずれにしても、その時の政府が介入してくると事故調査はやりにくくなり、その原因が政府側に不利にならぬような結論となる、というのは古今東西同じようであった。

大切なことはそういう現状を私たちも認識することである。それを簡単に許してはいけないのだ。これらを許すことは、時の政府の恣意的な基準をさらに曖昧にさせて、死者を冒瀆するような無自覚な罪を作り出す。その結果もたらされるのは、原因不明や冤罪である。過去から学べない人たちは、その罪の重みを故意に感じないようにして避ける。当事者は老いてもなお隠蔽しながら生きていく。後に続く若い人たちの仕事を正当な根拠もなく妨害する。この検証なき繰り返しは、司法の良心をも奪い、意図的に改ざんする犯罪と組織を生み続ける。このような有り様を見て育つ子供たちに道徳を説くことなどできず、このような大人たちが作る未来に希望を持つこともできない。

これでは五二〇人の失われた魂に対し、鎮魂と言えないではないか、と強い怒りをあらためて感じた。

●フィッシュスイミング

遅れて到着したスゥザンも加わり、今後のことについて話し合いをした。

D氏の提案は、この事件の解明とスゥザンのアイデンティティに関する問題は接点があるから、英国でも同時に進めていけばよい、そのためには次のようなことを覚悟していかなければならない。それは、フィッシュスイミングのようなものであるとD氏は説明した。つまり、一本の直線上をまっすぐに行けば到達するというものでもなければ、くねくねと曲がりくねってわからなくなる場合もある。フィッシュ、つまり魚のようにくねくね泳ぐというイメージを持つこと、それが当たり前であること、さらに、英語圏の人たちに説明する資料を英語で作成することや、詳細なデータも英語で作ってアカデミックに情報を発信することを提案した。特に私が博士号を取得していることで広がるネットワークを駆使し、大学関係者とのつながりから門を開くことが大切だと力説した。自分もシンポジウムがあれば飛んでいき、いろいろな国の人たちにアカデミックに説明をするとD氏は語った。

実はすでに亡くなったご遺族の一人、Kさんという方が事故調査報告書を英訳して米国の専門家に配り、意見をもとめたことが過去にもあった。その際は米国の様々な分野の専門家がアドバイスをしてくれて、それを持ち帰り、日本の事故調査委員会に提出して意見を求めた。しかしながら、再三の要求にもかかわらず全く取り合ってもらえず、無視され続けたのである。

これでは同じことの繰り返しとなって意味がないし、日本にはそういった遺族を救済してサポートし、原因を追究するような民間組織はない。国の機関だけではなく、多角的なテーマを持つ民間組織が存在する米国や英国では、日本のように無視されつづける状態は考えられない。もっと違う角度から進めなければ、またうやむやにされてしまう。そこで、私たちは多方面のエキスパートとチームを組むことを勧められた。さらにメンタルな面を注意しなければならないという。特に政府側や、事故調査委員会側からの理不尽な扱いを受けたりすることで人間不信となっていき、精神的に参ってしまった遺族もいるという。したがって、心理学専門の学者ともチームを組むことが大切であり、それは欧米ではかなり研究されている分野であるが、日本はどうなのだろうか、との質問であった。私は学術的なネットワークで探してみるが、日本では遺族を対象とする専門的な心理学関係者はあまりみあたらないのではないか、と答えた。

確かに何人かの遺族の方と接してきて思うことは、ご自身が一度決定した事項についてもすぐに決定を覆す場面が多く、かなり心が揺れ動きやすいということである。特に父母を亡くした場合は、残された子供たちの精神状態も不安定である。スゥザンの二人の子供もそうであったという。特に長女は、父親の面影を知っているだけに、成人後に来日して御巣鷹の尾根に登山したことが、逆に非常に悪い印象を与え、それ以降精神が不安定になったそうだ。日本でも何年経っても、日航123便について語ることを嫌う子供が多いとも聞く。それについてD氏は、おそらくすべての現実からの逃避が根底にあり、心理学者、精神科医からの適切なアドバイスは遺族関係者(特に子供)や生存者といった広範囲の人に必要不可欠であると言った。突然の悲しみに見舞われた遺族、特に妻や夫を亡くした場合はその配偶者は必死に生きなければならない。そうなると、片親となってしまった子供たちのケアが不十分になる。したがって子供への精神的サポートが絶対必要となる、ということだった。

欧米流に、連絡先として最後に名刺を交換すると、その裏には何やら不思議な写真が印刷してあった。そのまま横にしてみると、全く何かわからない。これは何なのか？　とても気になった。黒い羽に赤い唇？　これは鳥？　縦と横と交互にして見ていた私に微笑みながら、

「これはブラック・スワンです。横から縦にしてみると見えてきます」

よく見れば名刺は横書きであるため、その裏に縦の写真ということで、わざわざ角度を変えてみなければその鳥は見えてこない。

航空機事故においてこの鳥は安全と理論の考え方の象徴として、多角的視点の必要性を訴えているとのことだ。これはありえないことはないというブラック・スワン理論である。

ブラック・スワン理論――。その昔、英国では白鳥は白い色と決まっていたのだが、オーストラリアで黒鳥が発見されたことで驚愕した時代があった。それをもじって、予測できないことやありえないことはない、一方的見方に安住していると突発的なことが起きた場合、それによって非常に強い衝撃によって打ちのめされるため、あらゆる可能性を「ありえること」として考える、ということだ。簡単にいうとこれがブラック・スワン理論で、ナシーム・ニコラス・タレブの著作『ブラック・スワン――不確実性とリスクの本質（上

下）』（ダイヤモンド社、二〇〇九年）で経済学的に提唱された理論である。自然災害も含めた不確実性の時代におけるリスクにおいても、黒い白鳥の存在を常に意識することで、絶対起こりえない、ということはないと準備する知恵でもあるのだ。

それを名刺の裏に、しかも縦に印刷しているとは、彼が所属する組織における心構えが十分伝わってきた。

この黒い白鳥の存在を日本の運輸安全委員会の委員の皆さんにも伝える必要性があると思った。ただし、伝えたからと言っても実行できるとは限らないだろうから無駄かもしれないわね、と思いながらスゥザンと目を合わせた。

初めて会ったとき、スゥザンは彼女の戸籍などアイデンティティ問題が長年続いたこともあって、心の奥底に、暗く固い砦のような塊があるように見えた。しかし、この数日間で次第に表情が柔和になってきたのは、この事件に関するあらゆることを知ることで、次の目標が彼女の中で大きく膨らんでいったからに違いない。活き活きとしてきた彼女を日日見ることは、私にとっても嬉しかった。

シンガポールから帰国したばかりなのに疲れた表情も見せず、気づけば五時間以上も話をしてくれたD氏を見送った。

実はスゥザンに銀座の老舗のお菓子をお土産にしたが、そのお菓子のテーマは絆であった。入っている缶も手毬のようでずっと保存しておきたくなる上品な和風の柄である。カーディフ大学で最初にお目にかかったときにそれを渡したのだが、今日もわざわざそれを持参してきた。このお菓子にはブルーとピンクのハートが一つずつ絆のシンボルとして入っている。

「透子、この和風のクッキー、とても繊細で美味しい。本当に私はこういう日本のお菓子が好きだわ。ここに入っていたハートマーク、その一つを貴女にどうしても食べてほしい」と言うのである。

「これは貴女とAKIのものだから一緒に貴女が食べてちょうだい」と私は言ったが、それでも彼女は、「ぜひ貴女に一つ食べてほしい、貴女との絆にAKIも喜ぶから」と言って、もう一度差し出した。そこで、一緒につまんで同時にハートの砂糖菓子を食べた。

彼女の気持ちが、甘い砂糖味とともにゆるりと溶けて私の心に入っていくような気がした。

朝八時からの会合はなかなか大変であったが、立ち上がる際に私は思わず「よっこいしょ」と言った。それを聞いた彼女はすぐさま大きな目をさらに大きく開いて、

「わあ、『ヨッコイショ』だわ。ＡＫＩも日本式の低い机から立ち上がるとき、いつも言っていた。久しぶりに聞いた！」と喜んだ。

ヨッコイショ、ドッコイショ。この言葉を聞くと最愛のＡＫＩを思い出すという。

それから二人で笑いながら、ヨッコイショ、ドッコイショと掛け声をかけながら歩いて、いつか必ず日本で再会しよう、日本の遺族にもぜひ会いたいという彼女と約束を交わしながら別れた。


ヨッコイショ。思わぬ言葉で懐かしい日々が突然目の前に広がることもある。


数日にわたり、次々と行われた長時間の会議は、私の耳に英国の独特の発音が降り注ぐ言葉のシャワーの連続であった。大学時代は英文学専攻でシェークスピアを原語で読むのは得意だったが、クルー時代は定番の接客英会話で十分だったので話すほうは苦手だ。急に決まった日程だったので必死に事前準備をしてきたが、英国人のその道のプロの人たちと上手にコミュニケーションがとれるかどうか不安だった。

ホテルの部屋に戻り、パソコンや荷物をドンと置いて大きな窓から赤いロンドン名物の二階建てバスを眺めて深呼吸をした。ようやく、自分に課せられたミッションを無事に果たすことができたという安堵感と充実感がみなぎってきた。

スゥザンもきっとそうだったのだろうと思いながら、ふとハイドパークを歩きたくなった。

まだ太陽は降り注ぎ、ロンドンの夕暮れは明るく、日没まで十分な時間がある。

パンプスからお気に入りのスニーカーに履き替えて、パディントンからハイドパークまでの道のりをゆったりした気分で歩いた。駅周辺のこの地区はアラブ系の旅行者が多く、アラブ人向けのお土産店もあってたくさんの観光客がいた。アラブ式パイプの煙を吸う男たちが店の外のカフェスペースに並んでいる。まるで南回りでアブダビに行ったときの風景だ。これほどまでロンドンにアラブ系の人たちがいるとは。街の様相が確実に変化してきていることが伝わってくる。そういえば、ホテルの中でも英語以外には中国語とアラブ語が書かれているが日本語はなかった。八〇年代は日本語ばかりだったが、ここでも違いが出ている。

ウェストミンスター地区とケンジントン地区に三五〇エーカー（約一・四平方キロ）の巨大な緑の空間が出現してきた。くるくると尻尾を回しながら楽しそうにお散歩する犬の後ろをついていけば、公園の入口が見えてきた。圧倒されるほどの広大な芝生が広がり、桜の花が満開の木が薄ピンク色に煌《きら》めいている。コバルトブルーの大きな鳥たちに餌をやりながら、写真を撮り合うアラブ人たちがいた。春風が心地よい。ずんずん歩いていくと大きな川のような池が出てきた。そこでも艶やかな花たちとさえずる鳥たちとのクインテットだ。

スゥザンは、この公園入口のマーブルアーチという門近くの高級住宅街にＡＫＩと住んでいたそうである。パディントン駅周辺もハイドパークもよく知っていると語っていた。溢れるばかりの思い出が詰まった場所なのだろう。自分が暮らした街というのは、一歩その場に踏み入れたとたん、想い出が走馬灯のように脳裏を駆け巡り、そのときの自分に連れていってくれる。

そういえば、お会いしたO法廷弁護士は故ダイアナ妃と血縁関係にあるサーの称号を持つ人で、スゥザンの次女は名前がダイアナだ。そしてこのハイドパークにはダイアナ妃メモリアルがあるはずである。その場所を探しながら歩いていると、「Welcome to the Diana, Princess of Wales Memorial Fountain」の看板⑪が出てきた。公園内を悠々と流れる大きな川のような、ザ・ロング・ウォーターという池があり、その横の緩やかな丘の斜面をＤの文字をくりぬいて水が流れる場所であった。噴水という名前に惑わされると見失うほどで、「これが噴水なの？」というほど地味で控えめな雰囲気を醸し出していた。高らかに上がる華やかで派手なものではなく、ダイアナ妃の人柄を表すかのような静かに流れ

⑪ハイドパークのダイアナ妃メモリアルの看板と向こうに見える噴水

る小川である。彼女が交通事故で死亡したニュースは世界中に大変な衝撃を与えた。この場所は英国人にとって大切な憩いの場であり、ダイアナ妃は永遠に人々の心に残り続けるのだろう。

一九八六年、彼女が結婚した五年後に来日して東京でパレードがあったが、赤と白の日本の国旗に見立てた上品なドレスや着物を羽織る写真にため息が出たことを思い出す。八〇年代は彼女がファッションリーダーであった。彼女の称号はプリンセス・オブ・ウェールズ。そのウェールズの首都にあるカーディフ大学での講演、ダイアナ妃に関係深い人との出会い、あっという間にこの英国が私にとって身近な存在となったのである。

第三章

情報公開への道

●執念と信念

私は帰国後、国境を越えて知り合った英国人遺族と、日本人遺族の吉備素子さん、この二人の女性を引き合わせたいと思った。二人は、ともに高い信念を持ち、不動の心で必ず成し遂げるという強い執念を抱き続けてきた。パートナーへの深い愛情を奪われ、日航123便墜落によってもたらされた大きな悲しみとともに数々の理不尽な体験によって持たざるをえなかった大きな疑問、その解決のきっかけすら与えられることなく今日まできた、という悔しい思いを根底に共有されることが、彼女たちを結びつけるのではないかと考えた。

遺族の吉備素子氏（『墜落の新事実』第二章参照）に詳細なインタビューを行った時、

①なぜ、日本航空社長（高木養根氏）は自分と面談した際に「（首相官邸に行けば）殺される」と極度に恐れて動揺していたのか。

②なぜ、事故原因を追究すると米国と戦争になると河村一男氏（群馬県警日航機事故対策本部長〔当時〕）が言ったのか。

③なぜ、その河村氏が県警を辞職して大阪で再就職をし、時折電話をかけてきて、自分

を見張っているような口ぶりで事故原因を追究しないよう圧力をかけてきたのか。

最低でもこの三点が彼女の疑問であった。吉備さんはご主人の遺体発見が難航したこともあり、何ヶ月も遺体安置所に通い詰めた。五二〇人の遺体が二千体以上の手足バラバラの状態で細切れのパーツ化してしまった中で、全体の約三分の一の完全遺体の人はかなり早く遺体が返却されたが、それ以外の遺族はその一部だけ（すべての部分遺体を持ち帰ることは不可能）引き取って自宅へ連れて帰り、お葬式を行うことが先となった。したがって、その他の部分は安置所に保管されていたが、すでにお葬式を挙げた家族が再度その安置所に戻って他の部分を探すことはなかった。身元不明とされてしまい細分化した部分遺体の一つずつを手に取って、見つけてあげられなかったとして最後に供養したのが吉備さんなのである。

スゥザンは、家族として暮らしていた二人の子供の父親でもあるパートナーを失った直後に英国に戻り、その存在を隠すよう彼の職場から命じられていた。長年、子供の戸籍問題も含めて自分のアイデンティティが否定され続けてきたのだった。

この二人が国を超えてタッグを組む。何か大きな力が彼女たちを支えてくれているような気がしてきた。

私はこの日航123便事故が抱える重大な問題に取り組みながら、これ以上は法的な手段を講じなければ真相は明らかにされないということをずっと感じていた。

何か良い方法はないかと五〇人以上の弁護士と会って話をしてきたが、その中で浮かんできたのが、「情報開示」という方法であった。そのためにはかなりのエキスパート弁護士に力になってもらわなければならず、それも総務省の情報公開法の制度運営に携わり、実力を兼ね備えた人でなければ非常に難しいという。大学の研究者にも相談したが同じような答えであった。そこで私は、口々に皆さんが推薦するある方に、渾身の力を込めて、ぜひお会いしたいという連絡をとった。

その方は、情報公開法のみならず、内閣府・公文書等の適切な管理、保存及び利用に関する懇談会委員や放送と人権等権利に関する委員会の委員長なども務め、第二東京弁護士会会長、日本弁護士連合会副会長、関東弁護士会連合会理事長を歴任し、情報公開のプロ中のプロといわれる三宅弘弁護士であった。

何度か手紙やメールでのやりとりの後、多忙な合間を縫って会ってくださるという。ああ、これでやっと第一歩だ、と微かな安堵感が広がった。

三宅弘弁護士からのリクエストで、事故発生時から時系列に並べた事実関係の一覧表、その後今日まで明らかになった事実関係の書類を作成して持参した。

一日の仕事を終えた夕刻の時間に面談を入れてくださり、弁護士事務所でお会いした。私はかなり緊張して深呼吸をしながら会議室で待っていると、

「お待たせしました、初めまして」と柔和な表情で入ってこられた。その気さくな物腰に、やはり人望の篤い人というのはこういう人なのだ、と深く納得した。柔和な表情の中にも鋭さが光り、蓄積された知識と経験に裏打ちされたインテリジェンスが伝わってくる。

そこから、今まで暗かった道に灯りがともり、進むべき方向が見えてきたのである。

●保存が原則――公文書への認識

墜落原因に大きな疑問を持つ遺族の吉備素子氏や小田周二氏らが三宅弘弁護士の所属する弁護士事務所に集まったその日、私は記念に一枚の写真を撮った。

ようやくスタートラインに立ったという高揚感というよりも、長い道のりを歩き続けて喉を潤す水飲み場にやっとたどり着いた、という表情である。疲れ切った心にオアシスを発見した喜びとまだ続くゴールの見えない長い道のりへ立ち向かう、そんな一枚である。

小田周二氏は十五歳と十二歳の二人の子供と三人の親戚、合わせて五名を突然失った。退職後には公表された墜落原因に異議を唱えた本を自費出版で二冊出している執念の方だ。

今もなお日航首脳部と年に数回技術会議という場を持ち、百以上の質問状を手渡している。それに対する回答のほとんどが、核心を外した言い訳に終始し、「確認できませんでした」という言葉の乱用に終わっていると語っていた。

吉備さんは、私のインタビューで話をした内容をもう一度、三宅弘弁護士に話をした。彼女の体験談は想像を絶する内容であり、三宅弘弁護士も深く頷きながら聞いていた。

三宅弘弁護士は、

「裁判は絶対するべきだった。裁判をしていれば資料や記録が保存されるので開示しやすいが、それをしなかったのだね。できなかったのだろうか。それにしても、これだけ重大な死亡事故についての証拠物を日航が持っているの？　一民間企業だけがそのようなものを保管してよいはずなどない。その管理責任があるのもおかしい。資料も元本も（生データ）きちんと提出をさせて、公文書として国の公文書館にも保存すべきで問題である」

と強く語った。

あれだけの事故を起こしておいて、遺族に情報開示もせずに証拠物や資料を「捨てました、破棄しました、どこにあるかわかりません、誰がしたのかもわかりません、確認ができませんでした」で済む話ではないということである。さらに、ＪＡＬだけが永遠にこのまま抱え続けていい話でもない、と力強く述べた。また、公文書の情報公開は誰もが請求できるが、特に遺族は閲覧する権利を有しており、勝手にそれも恣意的には断れない、と法に則り対応すべきとの見解を示した。

三宅弘弁護士は公文書が「健全な民主主義の根幹を支える国民共有の知的資源として、主権者である国民が、主体的に利用し得るもの」であると同時に、「公文書を適切に管理することは、公務員自身にとっても極めて重要である」と語る。公文書を適切に管理することは、行政が適正に効率的に運営されるために不可欠であり、これが民主主義の根幹だからである。しかし、ここ数年、森友、加計問題をはじめ、この根幹を揺るがすような事件が多発している。こうした事件からも、公文書の適正な作成、保管、利用を行う必要性があり、それは急務だ。

なお、公文書の適切な管理の意義は主として次の通りである（関東弁護士連合会二〇一八年度大会宣言などを参照）。

①行政内部における公文書管理に関する恣意を排除して、事務の適正化、効率化を客観的に担保すること（恣意抑制機能、事務適正化機能）
②客観的に公正な公文書管理のプロセスが明らかになることで、議会制民主主義がより

一層効率的に機能すること（民主主義担保機能）

③情報公開法の前提として公文書管理法が整備され、利用請求権によって国民の知る権利に適切に答えることができるようになること（知る権利担保機能）

さらに、歴史的文書の保存機能や、行政事務の適法化機能などがある。

後世に対して適切な文書を作成し、保管、管理して情報を公開することが未来への責任であり、民主主義の基軸である。当たり前のことをきちんとすること、それが後世の人たちに対して私たちがなすべきことなのだ。

もし、ＪＡＬの未来の社員に対する責任感がひとかけらでも残っているならば、過去の過ちを認めてＪＡＬを楽にしてあげることにもなる、と私は心底思った。

現在の「ご被災者相談室長」の権藤氏も、遺族の小田氏が自分の亡くなった子供たちの無念をはらそうと、このままでは死んでも死にきれないと必死に書いた百以上の質問に対して、ていねいな言葉を巧みに使い、はぐらかすことで自分の仕事を終えた気分でおられるのは最悪であろう。

三宅弁護士の話を聞きながら、遺族たちは、かついでいた重い岩をようやく下ろしたように安堵した表情となったのである。

●逃してしまった刑事責任

私はこの事件に関する裁判記録や法的な面からの情報を整理して調査することにした。すると、思いもかけないことが浮き上がってきた。

それを語る前にまず、誰もが知っている通り、日航123便墜落事故においては、日本では裁判は一切行われず、誰も刑事責任を取らないまま公訴時効が成立している。つまり、犯人は見つからなかった、または起訴するほどの証拠が集まらなかったということにもなる。五二〇人の命を失わせた人物が特定できなかったのである。

刑事責任への告訴および追及の時系列は次の通りである。

遺族たちは、墜落発生から八ヶ月後の一九八六年四月十二日から八月十二日までの間、日航、ボーイング社、運輸省の各幹部十二名に対して、業務上過失致死傷罪及び航空危険罪違反で東京地検に告訴した。

第一回告訴（四月十二日）　告訴人・（百五十九の家族）五百八十三人
告発人・九千七百九十三人

第二回告訴（五月十二日）　告訴人・二十八人
告発人・三千二百九十五人
第三回告訴（六月十二日）　告訴人・四十七人
告発人・七千七百六十三人
第四回告訴（七月十二日）　告訴人・二人
告発人・二千三百六十二人
第五回告訴（八月十二日）　告訴人・三十七人
告発人・一万二百二十八人

合計すると、告訴人が六百九十七人、告発人が三万三千四百四十一人となる。告訴ができる犯罪の被害者と関係者のみならず、これだけ多くの人たちが、直接に関係はなくとも告発人として、捜査機関に犯罪事実と犯人の訴追を求めていた。

さらに、一九八九年七月から十一月にかけては、遺族たちは東京や大阪、群馬で街頭署名活動を行った。

第一回（七月五日）　東京地検へ要望書と署名提出　一万五百六十六人分

第二回（八月二十二日）　東京地検へ要望書と署名提出　三万二千三百十八人分
第三回（九月二十六日）　東京地検へ要望書と署名提出　十八万二千五百八十八人分
第四回（十月四日）　前橋地検へ要望書と署名提出　二万四十九人分
第五回（十月二十三日）　東京地検へ要望書と署名提出　一万六千百八十四人分
第六回（十一月十四日）　東京地検へ要望書と署名提出　四千百三十三人分

以上、街頭で集めた署名の総数は、二十六万五千八百三十八人分であった。

なぜここに書き記したかというと、今回の英国での会議で、遺族は署名活動を行ったのか、日本の国民はそれに対してどう応じたのか、と質問されたからである。これだけの数の人たちが街頭で署名をしたその民意は残念ながら反映されなかった。

一九八九年十一月二十二日に不起訴の処分が決定した。同年十二月十九日、「前橋検察審査会による公正な審査によって、再度、起訴への道が開かれることを要望する」として遺族たちは審査申し立てを行った。さらに九千九百四十三人分の署名も提出して、その後も署名活動を続けた。

それが検察審査会への審査申立書[12]である。その中にボーイング社の修理を行った部署の被疑者の氏名欄[13]が次のように不詳となっている。これがなぜ不詳なのか、については後日、

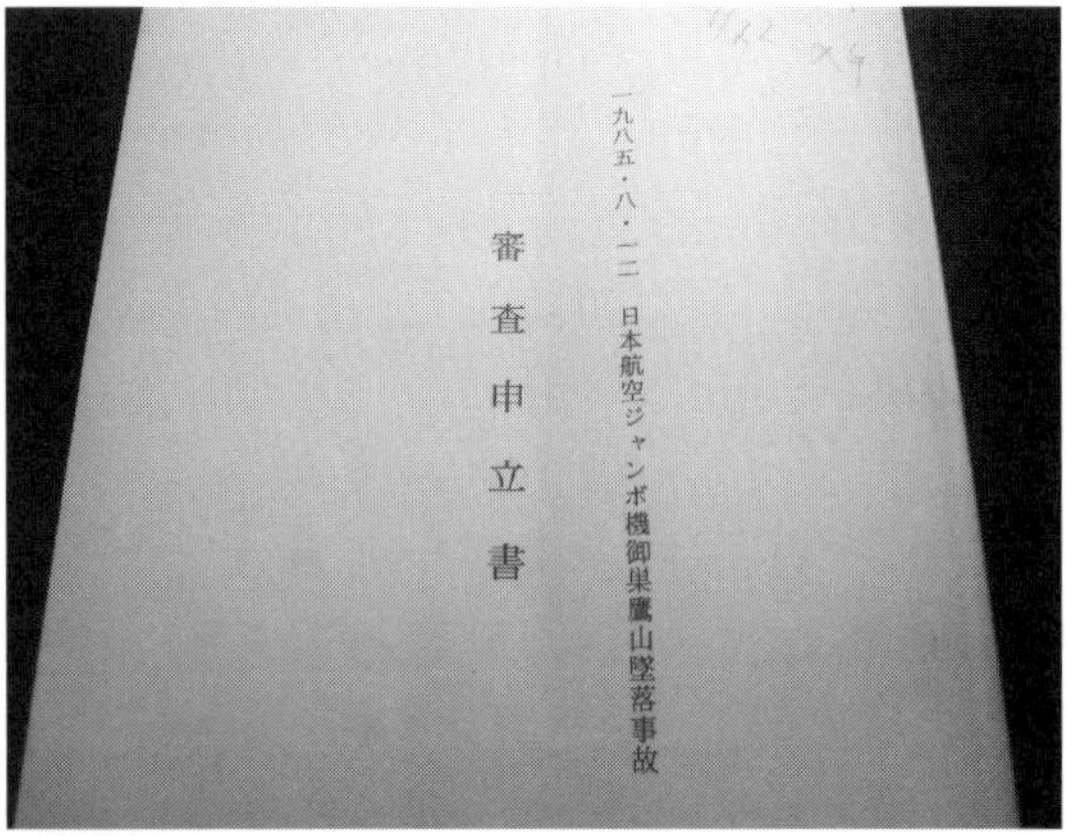
一九八五・八・一二　日本航空ジャンボ機御巣鷹山墜落事故

審査申立書

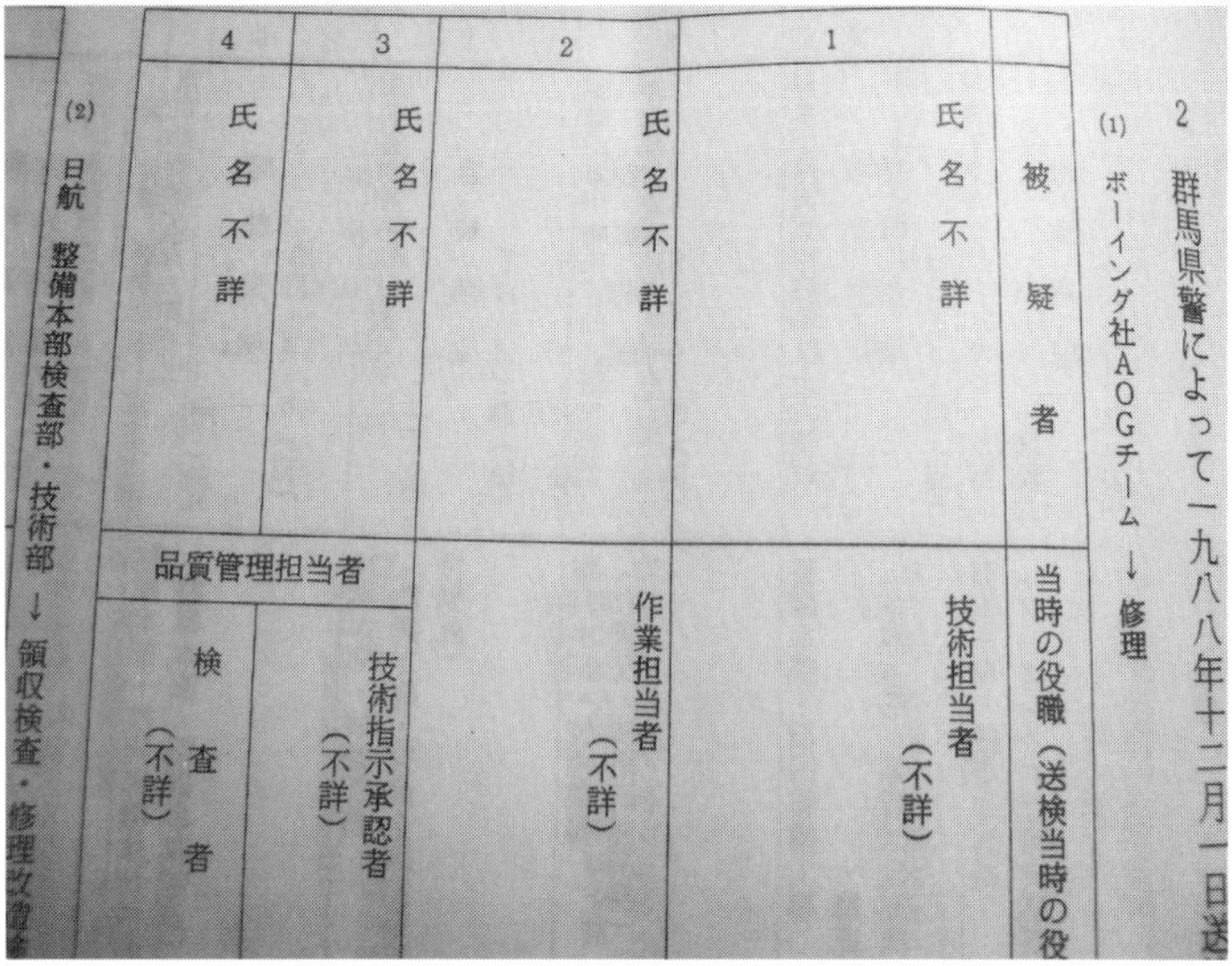
2　群馬県警によって一九八八年十二月一日送

(1)　ボーイング社ＡＯＧチーム→修理

	1	2	3	4
被疑者	氏名不詳	氏名不詳	氏名不詳	氏名不詳
当時の役職（送検当時の役	技術担当者（不詳）	作業担当者（不詳）	品質管理担当者 技術指示承認者（不詳）	品質管理担当者 検査者（不詳）

(2)　日航　整備本部検査部・技術部→領収検査・修理改

⑫前橋検察審査会に出された審査申立書（1989年12月19日申し立て）。（上）
⑬上の審査申立書の15ページ「群馬県警によって1988年12月1日送検された被疑者別過失概要」の(1)ボーイング社AOGチーム→修理の欄に書かれたボーイング社側の被疑者名欄には、「氏名不詳」が並ぶ。（下）

った。

実は明確にわかっていたにもかかわらず不詳のままにされていたということも明らかにな

一九九〇年四月二十五日、前橋検察審査会は、送検された二十名のうち日航職員二名、ボーイング社作業員二名の不起訴は不当、他は不起訴相当と決定した。それを受けて再捜査を行ったが、一九九〇年七月十二日に前橋地検は再不起訴処分を決定した。これが、刑事裁判ができなかったいきさつである。しかし、このときに署名をした方々の記憶はしっかりと残っているはずである。

損害賠償請求の民事事件についても、国内二十一件、米国十二件、一九九三年四月二日までに、すべて裁判をすることなく和解に終わってしまった。

法廷という公開の場で審議が行われ、資料を公開して事故調査報告書の信憑性を問う機会が失われてしまったのである。

●米国へのかすかな期待

日航123便墜落事故をめぐり、一九八六年七月二十五日、乗客四十八人の遺族、百三十一人が日航とボーイング社に対して、今度は百五十八億円の損害賠償を求める民事訴訟として米国のボーイング本社が当時あった、ワシントン州のキング郡地方裁判所に提訴したという記録[14][15]がある。

吉備素子さんはこのうちの七十人のグループの原告の一人であったが、つい最近までこれを刑事裁判だったと認識していた。彼女はお金よりもまず犯人が誰なのかを明確にしてほしい、これを曖昧にされることはあってはならない、としてこの米国での裁判に心から期待をしていたのである。なぜそう思いたかったのか、しかしなぜそうならなかったのだろうか。

このときに裁判所に提出した訴状が次の書類で、その経緯は以下の通りである。

一九八六年七月二十五日（現地時間）米国ワシントン州キング郡地方裁判所に訴状提出

被告　ボーイング社及び日本航空

［主な内容］

墜落事故の概要。

ワシントン州内で設計、製造、検査、テスト等すべて行われたボーイング社の製品をワシントン州シアトル市ユニオン通り五百番三百二十五号にて業務を行っている日本航空が州内にて購入し、その引渡しや整備、訓練などを行った。

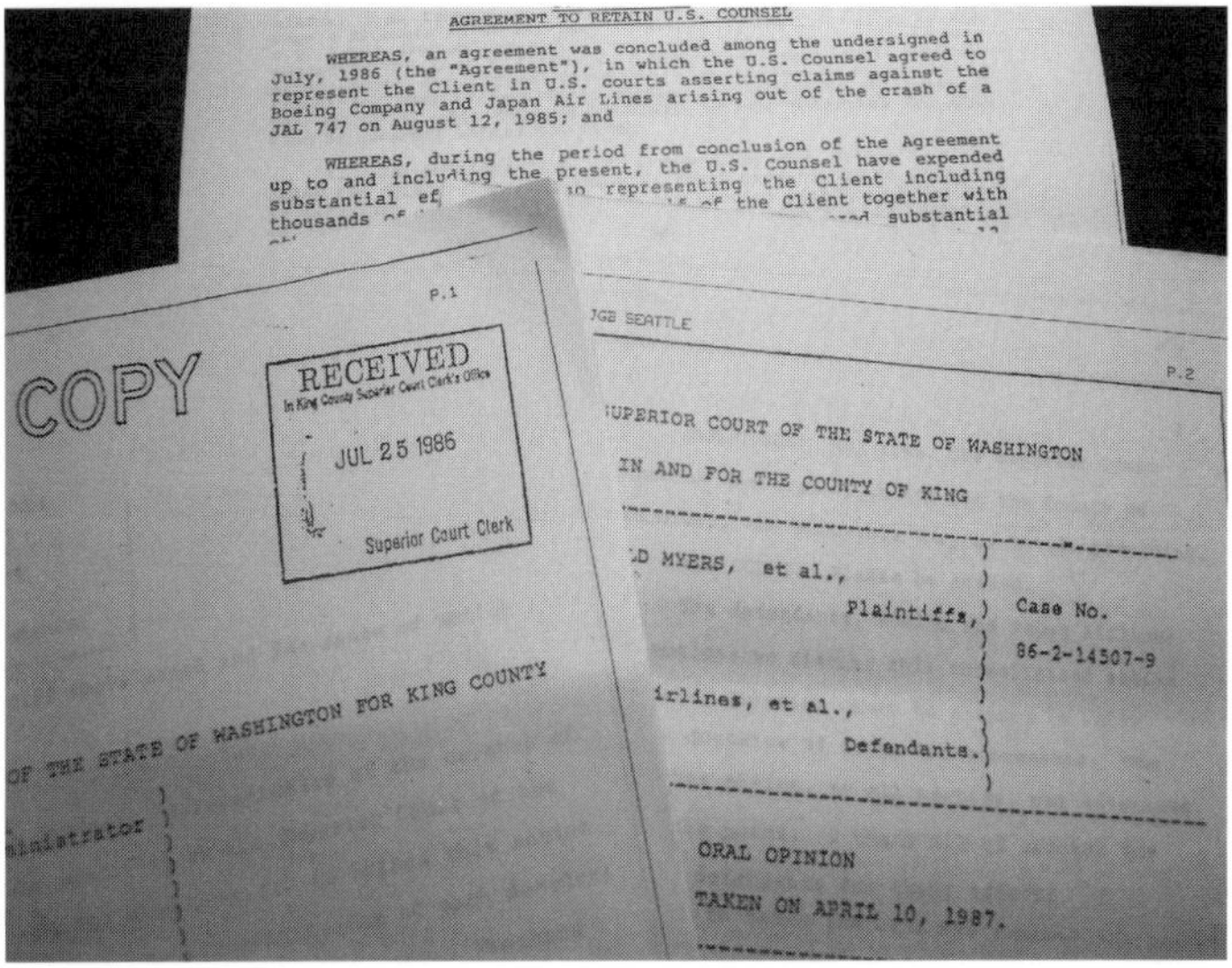

⑭日航123便墜落事故をめぐり、遺族が日航とボーイング社に対し、損害賠償を求めた民事裁判記録。米国ワシントン州キング郡地方裁判所記録（1986年7月25日）。

損害の請求。
1　乗客の恐怖と死が間近に迫ったことによる精神的苦痛という損害
2　死亡により受けた配偶者、子供、親、兄弟姉妹が受けた精神的苦痛という損害
3　死亡により受けられなくなった配偶者、子供、その他扶養を受ける者が扶養を受けられなくなったことにおける損害
4　3の損害を上回る場合には、死亡者が受け得た金額の損害
5　未成年の乗客の両親について家族関係が破壊された損害
6　その他の損害

一九八七年四月十日（現地時間）口頭意見陳述
被告の管轄不便宜抗弁に関して

［主な内容］
管轄不便宜抗弁を考慮する要件
1　私的利益
①証拠資料利用
ワシントン州のほうが責任の有無が問題となる場合は容易である。

JUL 25 '86 16:16 JGB SEATTLE P.1

COPY

RECEIVED
In King County Superior Court Clerk's Office
JUL 25 1986
Superior Court Clerk

IN THE SUPERIOR COURT OF THE STATE OF WASHINGTON FOR KING COUNTY

DONALD MYERS, Personal Representative and Administrator	
	NO. 86-2-14507-9
	COMPLAINT FOR WRONGFUL DEATHS, PERSONAL INJURIES, AND DAMAGES ARISING OUT OF THE B747 AIR DISASTER OF AUGUST-12, 1985, ON OSUTAKA MOUNTAIN, JAPAN
, Decedents, Plaintiff,	
v.	
THE BOEING COMPANY, a corporation whose principal	

Complaint - 1

LAW OFFICES OF
KRUTCH, LINDELL, JUDKINS & KELLER, INC., P.S.
1600 IBM BUILDING
SEATTLE, WASHINGTON 98101
(206) 682-1506

⑮1986年7月25日、ワシントン州キング郡地方裁判所に受理された損害賠償請求訴訟

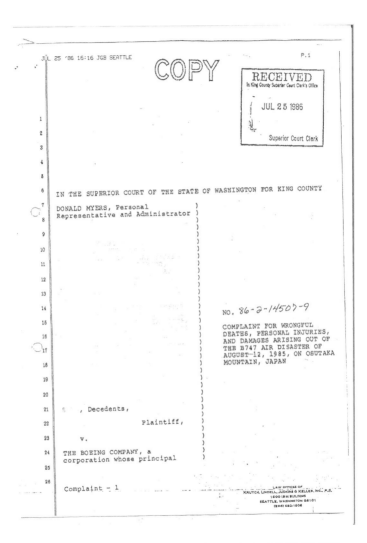

ワシントン州にて事故機は設計、製造、テスト、販売がなされた。
ボーイングの社員も日本での事故調査に参加している。
責任争いとなっていない場合は、証拠の利用は日本のほうがよい。
②証人を強制的に喚問できるか、証人出頭のための費用
日本とワシントン州はほとんど変わらない。
③現場確認の必要性
本件では現場の確認は、責任、損害にとってあまり重要ではない。
④他実務上の問題点
どちらの裁判所でも変わりはない。

2　公的利益
①事件性の多さに関しての問題点
どちら（日本、ワシントン州）の裁判所も未決案件を多数抱えている。

しかし、本件はトラック1（早く行うカテゴリ）に入っているので、責任や損害についての審理はさほど遅くなし。
②地方的な問題はその地方で裁判をする。
③裁判が適用される法律のある国で行われる。

先例に従い、責任の有無はワシントン州法にて決定されるべき。
④無関係の場所での裁判は、その地の人に陪審の負担を負わせる。
日本には陪審制度はない。キング郡の人々は、本件に関わりを有しているので、
審理が行われても不当な負担とはならない。

当裁判所にて責任の問題、損害の問題を分けることとし、責任問題においては、当裁判所で判断することとする。すなわち、

「何が起きたのか、ならびにそれがなぜ起きたのかについて当裁判所で決定する」についての決定。何が起きたのか、ならびになぜそれが起きたのかという問題は国籍の如何を問わず、大変重要な関心対象となる。損害の問題をいかにして処理すべきかは、責任問題を処理して、他の裁判所にて損害がいかに決定されるかを調査したのちに決定する。

なお、証拠開示命令は、本日より三十日間を期限とする。

（米国裁判所口述記録は巻末に二〇三ページから資料として記載する。）


このワシントン州キング郡の裁判官、ゲイリー・M・リトル判事が語った「何が起きた

のか、なぜ起きたのか、これらの問題は国籍を問わずにすべての人にとって重大な関心である」という言葉に対して、訴訟を起こした遺族たちは大変感動をして声明文を出していた。つまり、なによりも事故原因を明らかにすることが目的であり、その程度や責任に基づく正当な賠償を求めていたからである。ようやく第一歩としてこのように理解してくれる判事がいた、ということで遺族たちが喜んだのである。それには次のような理由があった。

このときの日本での報道では、刑事責任の捜査が難航し、このままでは誰も起訴できない、刑事責任が問われない、というようなことが伝わっていたからである。特にボーイング社側の修理ミスをした社員の名前は氏名不詳とされ、本人から話を直接聞くことすらできなかった。これについて、米国と日本の司法や考え方に差があってその壁が捜査を妨げる、という理由が挙げられていたからである。加えて、事故前の一九七八年の修理時にミスがあったとは思っていない、というボーイング社の言い分もあった。

このような日本での状況に対して、ここワシントン州の裁判官が明言した通り、三十日間の証拠開示によって誰が修理ミスをし、誰に責任があるのかが明確になる機会を得たのである。さらに裁判官は、責任の問題と損害の問題をきちんと分けてとらえ、責任に関しては州内で明らかにすることを言っている。この頃、日本では裁判員制度はなかった。

米国の陪審制度においては、ワシントン州キング郡に住む一般人が、公平で客観的な判決を決めるためにあらゆる証拠開示が行われなければならない。日航123便の墜落原因は、米国での証拠開示命令によって全容が見えてくるのだ。それを遺族たちは最も望んでいたのであった。

特に民事において、米国では陪審員による裁判を行う前に、PRETRIALという正式事実審理前の手続きがある。答弁前の申し立てにおいて、被告側（日航、ボーイング社）は、裁判地や事物管理権、人的権利権の欠如、そして訴状手続き上の瑕疵《かし》などの防御を申し立てられる。事実関係の整理や情報開示など、双方の代理人の弁護士が意見を述べながら様々な確認が行われる。

日本側はK弁護士事務所と契約を交わした米国の弁護士が原告（遺族及び関係者）の代理人をしていた。そのうちの一人、R・K弁護士は、現在もなお自身が創設したシアトルの弁護士事務所にて、六名の弁護士とともに百以上の航空機犠牲者の訴訟を担当している。

一九八七年六月十九日　（前回から二ヶ月後）　訴訟手続き口頭弁論

争点　ボーイング社損害賠償義務の根拠となる原因事実の確定

ところがこの弁論では、遺族の本当の思いとは微妙に異なる別の方向に舵が切られていく。当初のボーイング社の主張、「修理ミスを一つの原因とし、全体の損害賠償義務が存在する」を次のように改めてきたからである。

「ボーイング社に全損害の賠償義務が存在する」という、すなわち会社の全体で責任を持つといった判決を求める提案に修正したのである。これでは修理ミスをした人間個人への喚問やなぜそのような修理ミスを行ったのかが不明確となってしまう。遺族たちが最も明らかにしたかったこの部分が欠落してしまうことになる。

これには裁判所側も、賠償義務の根拠となる事実の確定がもっと必要であるとした。

それに対して、ボーイング社は、事故調査報告書の結論部分（修理ミスで事故発生したとの推論）を示しながら、当該部分を責任原因事実とする、とした。

この提案に対しても、裁判官はこの箇所は最低限であって十分ではない、と回答をした。

その結果、裁判所は、原告、被告双方で、さらなる原因事実の確定について協議をするように命じた。また、裁判所は、賠償額確定についての正式事実審理をワシントン州で引き続き行うか、日本の裁判所に移送するかの判断を行うとし、日程は次のように定められた。

同年　七月二日　原告、被告双方準備書面提出　損害の管轄に関する当事者の主張

七月十日　原告、被告双方が七月二日の相手の主張に対し、各自反論提出
七月二十四日　双方の主張を検討、公開口頭弁論、弁論終了後裁判所が判断

一九八七年六月十九日、日本で正式に運輸省航空機事故調査委員会報告書が発表された。この内容をふまえてボーイング社が修理ミスの部分を曖昧にして、全体責任のような形で提案をし直したことになる。これに対して原告の遺族側は声明文を出し、事故調査報告書の偏った内容とデータの不備を訴え、認定に至った資料やその存在すら明らかにしていないと批判している。つまり、この報告書では明確な資料もなく、論拠となるものを示さずに尾部胴体及び垂直尾翼が吹き飛ぶための与圧空気に関する計算ばかりが先立っている。たとえ与圧空気を放出する目的のプレッシャー・リリーフ・ドアの機能を超えた圧力があったためにその放出に至らなかったとしても、その元データがあまりに不備であることから、このような報告書では再発防止策にもつながらない、と強調している。

一九八七年七月二十四日　公開口頭弁論
裁判所側の判断としてボーイング社による修理の欠陥と事故の因果関係を設定した。

損害賠償額は日本の裁判所で決定すべきものとの判断。

九月四日　原告側不服申し立てを却下して確定、原告側上告。

一九九〇年八月二日　ワシントン州最高裁判所が上告を却下。

こうして、遺族たちの期待は実現することなく、修理ミスの部分が曖昧にされたまま、米国での裁判も終わり、日本で公訴時効を迎えたのであった。

「日本政府にも殺されたけど、米国政府にも殺されたようなもの」という言葉が原告団の深い悲しみを表現している。

これらの米国での裁判記録を見ると、そもそも民事裁判の主旨から考えれば、相手側（ボーイング社）が自分たちに責任がないと主張すれば裁判という手段になるのは当然だが、自分たちに責任があると認めており、その賠償額についても争いがあるともいえない現状では、裁判所側も原告の要求通りに事を運んでいるように見える。

しかし日本人特有のメンタリティというか、そもそもこの裁判に求める遺族の本音の部分が、裁判で十分に伝わっていなかったのではないだろうかとも考えられる。これは別に弁護団を責めているわけではなく、むしろ若手の弁護士たちが気概を持って取り組んでくれたと遺族たちも感謝していることだから誤解しないでほしいのだが、「なぜ遺族たちは、損害賠償請求を米国に持っていったのか」という根本的な本音の部分を熟考しなければならない。

事故原因を考える上において、このときは弁護士も遺族も誰もがボーイング社の修理ミスで引き起こされた事故、と考えていたのだろうし、日航とボーイング社以外に墜落の原因に関わった人がいたとは全く考えていない。そのような中で相手が認めているにもかかわらず、なぜ遺族たちは必死に原因の事実認定の確認を望んでいたのだろうか、という疑問が残る。おそらく、このままでは曖昧になって、刑事事件も不起訴で終わる、という危機感を抱いたからではないだろうか。そのためにも修理ミスを犯した担当者本人の答弁が絶対必要である。本当に修理ミスをしたのか、それをミスと認識していたのかどうか、この確認が最も重要であったのだ。それが一切なされず、それでどうして結論が出ようか。

結局のところ、その危機感は最終的に現実のものとなった。

どこかで事実が歪み、または歪まされた場合、必ずそのプロセスにおいて、変だ、おかしい、と思うことが多々ある。途中の口裏合わせで、その原因を追究していくことが困難になったり、相手側の巧みな嘘で誤った方向に導かれてしまったりで、その結果、案の定、危惧したことが起きてくる。

もし政府側にとって、本当の原因が明らかになることでなんらかの不都合が生じる場合、この事実関係を白日の下にさらけ出されることを極端に恐れる。したがって裁判という公開の場にこの案件を持ち出すことさえ禁じたいわけである。後から考えると、五二〇人も死亡しているにもかかわらず、日本国内では刑事も民事も一切、裁判とならなかったことがそれを物語っている。

私たちに問われていることは、いま五二〇人の死とどう向き合うかである。

●米国公開資料から見る不時着の可能性

一九九五年八月十日、米国側の日航123便に関する事故原因の関連資料が公開された。これらの資料は国家運輸安全委員会（ＮＴＳＢ）とアメリカ連邦航空局（ＦＡＡ）間での書簡やボーイング社による反論などが記載されており、膨大な文書のやりとりがあったことをうかがい知れるものである。マイケル・アントヌッチ元米軍中尉の、米軍は墜落場所を視認し、救助しようとした、という事実に関する証言の十七日前となる。同日付新聞各紙にもその一部が掲載されているがそのうちの三点を記録として書き記しておく。

1　ボーイング社からＦＡＡ宛ての文書

ＦＡＡの事前通知書にはすべての油圧系統が切れた場合に操縦不能という明記があるが、それは正しくない。事故機は推力のレバー操作で制限はされるが、操縦することが十分できた。分析によれば、旋回、上昇、下降、といった操縦性が維持されていた。フラップも出すことはできた。事故機は、垂直尾翼や方向舵の相当部分を失った状態だったにもかかわらず、すべての油圧系統が切れた後も三十分も飛行していた。（一九八七年四月十七日付）

2
ＦＡＡから米国家運輸安全委員会宛ての文書
事故機の圧力隔壁に補修板が与えた影響については分析されていない。当時の修理規定は、圧力隔壁に補修板を使用することを明確に禁じていた。この修理はＦＡＡの承認を得たものではない。（一九八八年一月二十九日付）

3
ＦＡＡの見解［関連する規制、方針、背景］
この事故機は、日本航空によって運営されていた。修理は日本航空との契約のもとで、飛行機の製造業者によって行われた。もしこの修理が米国の航空会社によって所有、または運営されている飛行機で行われたならば、言及された規制は完全に適用可能だったろう。

確かに、1に書いてあるようにボーイング社の言い分は後の航空機事故で証明された。例えば、一九八九年七月十九日ユナイテッド航空232便が、油圧系統が機能せずに操縦が困難な状態に陥ったが、結果的には空港に不時着し、六〇パーセントの人間が生存できた。DC－10型機ではあったが、日航123便同様の困難な状況に陥ったとされる。油圧がだめなら操縦できないという理論の予想をうちくだいた例である。

しかしながら、日本の運輸省航空事故調査委員会では、123便の場合は生還はできなかったと結論づけており、油圧のすべてを失った場合について飛行模擬装置を使って実験したが不可能であったとしている。さらに新聞記事には、ボーイング社の主張は権利意識の強い米国ならではですね、という事故時に事故調査委員だったF氏のコメントまで書いてあるが、他の生還できた事例はたまたまだったと言いたいのだろうか。一つの可能性として、油圧系統が機能しなくなったとしても、不時着できる可能性がゼロではなかった、ということは後に起きた事故で明らかになったのである。

次に、御巣鷹山域の通称一本から松に第4エンジンがひっかかり、最後はそれが原因で墜落した、というのが群馬県警の現場検証の結論だが、このから松の存在は米国の調査資

⑯第4エンジンが接触して脱落し、大破したという通称「一本から松」（樹齢200年の赤松）。事故調査報告書によれば、「一本から松及びU字溝に接触した時点で、残っていた垂直尾翼、水平尾翼、及びエンジン等は機体から分離したものと推定される」と書かれており、この細い一本の木の先に接触したことにより木端微塵になったとのことである。

料には一切出てこない上、現場検証の結果も書かれていない。

写真⑯のように樹齢二百年と言っても、その根本ではなく、先の細くなっている上の部分に激突というのである。ちなみに、ジャンボジェットのエンジン一基の大きさは全長4メートル、直径3メートル、重さ7トン（普通乗用車七台分）だが、この貧弱な木にひっかかったぐらいで、これほどまでにエンジン側が木端微塵にバラバラになるのか大きな疑問が残る⑰⑱。

この件について工学関係や力学関係の研究者に見せたとき、群馬県警発表のから松の写真を見て大笑いされた。木の側が折れているのだから、力学的にも木のほうが簡単に負けているわけである。頑丈な鉄塔ならばまだしも、木の上部に接触したぐらいで、巨大なエンジンが細切れに跡形もなく、バラバラになる理由が、逆にわからない、とのことだった。当然のことながら、その直後の墜落時に巨大な岩に激突した場所から、他の三つのエンジンはある程度の形をとどめたまま発見されているのである。

事故調査報告書でも、第4エンジンのバラバラ事件について辻褄の合う説明は全くなされていない。

英国でお会いした航空機事故調査の専門家のD氏の言葉が浮かんでくる。

「なんとでも書くのですよ、相手側はね」。本当にそうである。

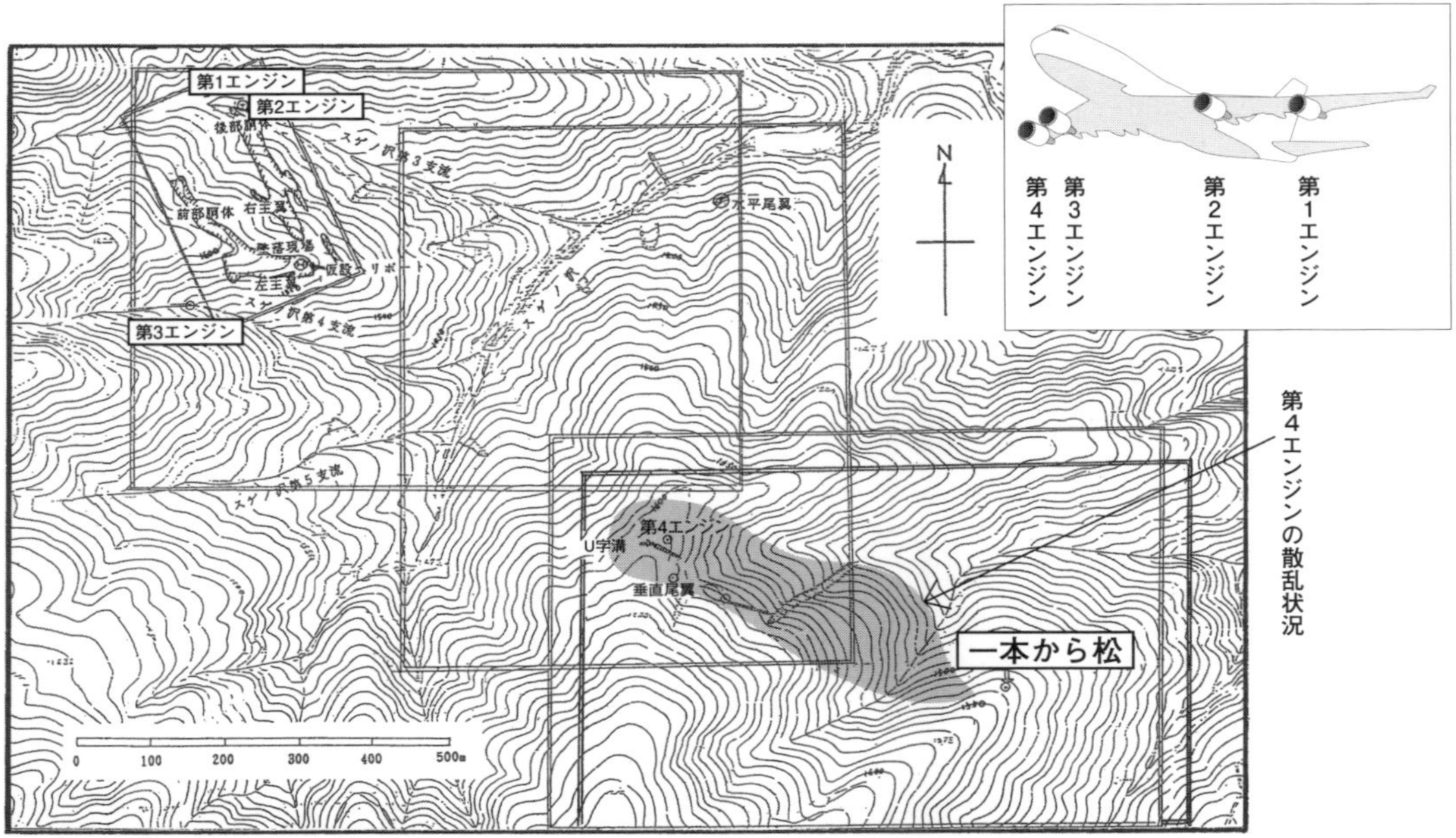

⑰日航123便墜落の残骸分布の全容。第１〜第３エンジンの落下状況は左上の一画に集中するのに対して、第４エンジンだけが図右下の一本から松付近からＵ字溝にかけて、バラバラに散乱（アミカケの部分全体にわたる）するのはあまりにも不自然である。（図⑱も参照。原図は事故調査報告書より）

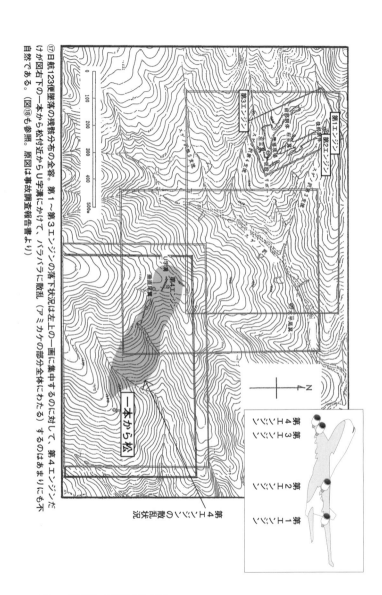

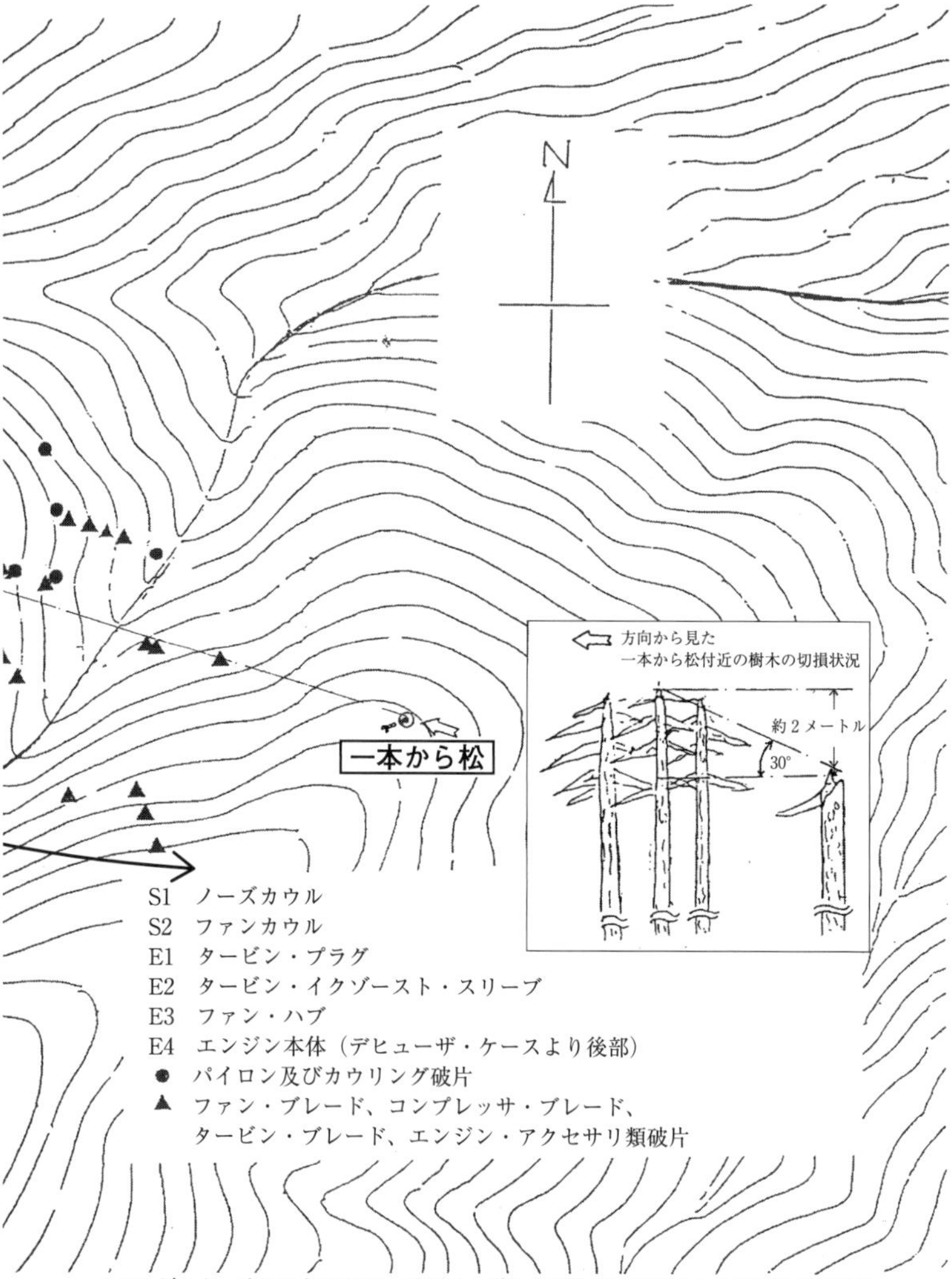

4エンジンと一本から松の位置、及びエンジンがバラバラに散乱した状況を図示する。
るのか。(図⑰も参照)

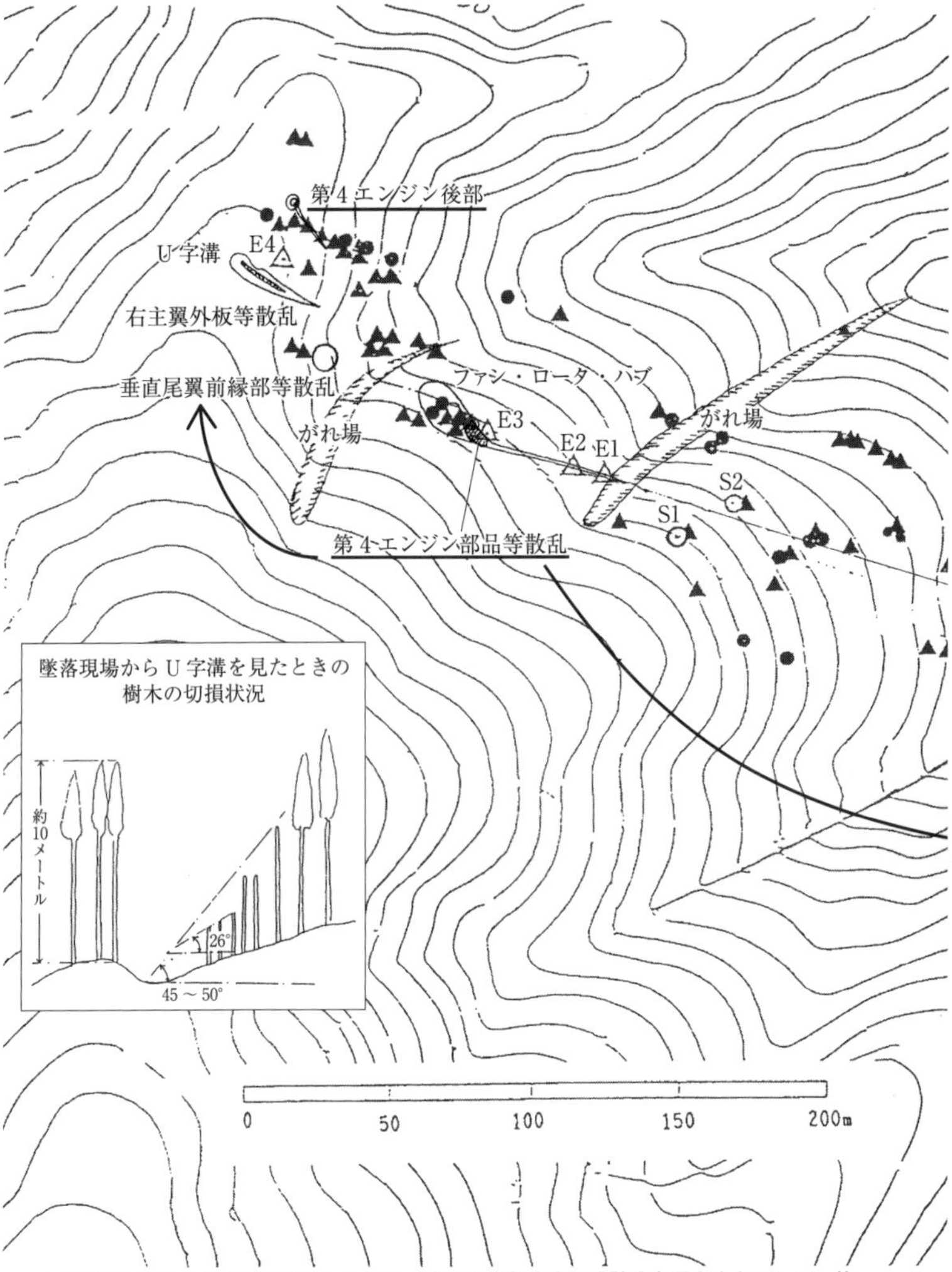

⑱ 図⑰のアミカケ部分を拡大したもの。事故調査報告書の残骸分布図をもとにして、第
たった1本のから松に接触したくらいで、巨大な一つのエンジンがなぜここまで散乱す

私が本を書くにあたって気をつけていることは、出典が明確であること、直接のインタビューで得た信頼のおける確実な情報をもとにすることである。
そこでその目撃者の証言どおり、2機のファントム機を見た時間を時系列に沿って並べてみると、その第4エンジンバラバラ事件に至る経緯が見えてくるかもしれないと考えた（『墜落の新事実』参照のこと）。

18：35　静岡県藤枝市上空　日航123便を追いかけて山の稜線ギリギリの超低空飛行
18：40　群馬県吾妻郡東村上空（群馬県北西部）ファントム2機を自衛隊員が目撃
18：45〜54頃　群馬県上野村の住民、子供たちが日航機とファントム2機を目撃。
数分後に2機のファントムが埼玉県方面へ向かったのを目撃
この時点から墜落までの間、群馬県上野村周辺、長野県川上村（レタス畑）周辺を低空飛行している。
18：56：28　日航123便が上野村の御巣鷹の尾根に墜落
上野村では赤い飛行機（赤い物体）が目撃されており、赤い閃光や爆音、雷のような音など、多数の爆音と轟音が聞かれている。

緊急発進におけるF-4EJ（ファントム）2機の飛行時間を30分とすると、18：30に茨城県百里基地から飛び立ったとして、墜落現場付近までは直線で154キロメートルであるから、帰り時間を5分とすれば、実際に上野村上空で滞在可能な時間は20分となる。飛行環境や天候、残燃料を考慮して安全に基地まで帰るには、少なくとも18：55には上野村を去って百里基地へ向かわなければならない。となると、18：56：28に日航機が墜落する直前までその場にいたか、第4エンジン（B-747型機の翼にある四基のエンジンのうち一番右端のエンジン）を狙って撃ったとなれば、第4エンジンのバラバラ状況はそれを示していることになり、日航123便は右端の第4エンジンを撃たれたことでバランスを崩して傾いて急降下して山の斜面に激突したとなると辻褄は合う。

第4エンジンがバラバラに散乱した現場には、報道関係者や消防団など一切の立ち入りが禁止されたということからも、この現場における不可思議さが残る。

特にF-4EJは、昭和五十六年（一九八一年）以降六年間ほど、防衛能力向上のために改修が行われている。そのため一九八五年も改良中であった。レーダーシステム等の近代的装備改良、通信能力向上、搭載ミサイル、爆撃機能向上などが行われ、空対空レーダーミサイルや空対空赤外線ミサイルが武装されていた。

現場状況からも、木端微塵の状態になった第4エンジンが、なんらかの武器によって破壊された形跡があるという疑問はぬぐえないのである。

もし、相模湾で通常のフライト中のJAL123便に対して、海上自衛隊が護衛艦まつゆきの公試中にオレンジ色の飛翔体が飛び出し、日航機の垂直尾翼の一部を破壊し、（目撃者の証言によれば）飛翔体が胴体部分にくっついたまま低空飛行していたとするならば、それをF‐4EJのパイロットが外から見て確認をし、横田基地への緊急着陸が無理と判断し、二次被害の大きい市街地を避け、山の中への墜落（不時着）を促したとすれば、さらにJAL機が何処を向いて飛んでいくのかわからないゆえの緊急避難としてエンジンの一つを撃ち落としたとするならば、そこには当初は考えていなかった想定を超えた理由が存在しなければならない。以上のことは、憶測の領域ではなく筋の通った推定であるが、これならば目撃証言や現場検証との矛盾は見られず、一本の筋が通る。

しかし最低限の被害に留めるために、人命優先の緊急救助や緊急対応が必須となる。自衛隊にはその能力が十分にあり、事実、いち早く救助に駆けつけようとしていた隊員もいた。自衛隊に求められるのはこういう期待可能性である。期待可能性とは、行為者が適法行為を行うことが期待できるという刑法の法律用語である。当然のことながら、訓練に失敗は当然ある。その失敗を認識し、それに適法に対応することこそが信頼関係を築くのであって、それをせずに放置し、故意による遺体損傷や、救助活動を放棄することは、どのような言い訳も通じないのである。過失でやってしまったことへの対処が適法であったか否か、ここが重大な問題だ。そこを履き違えてはならず、これができずに別の言い訳を重ねて得られる信頼などない。政治家もそうである。苦渋の選択だったのなら、それを語ることこそ自分への誇りだろう。一昔前のように、墓まで持っていくということは、いかにも自分がすべてを背負っているようだが、逆にいえば自らの罪を認めていることになり、もはや誰もその言動を称賛できない。

事故調査報告書も、その内容を反映した米国NTSBの捜査資料も、第4エンジンの状況や現場状況の不自然さに言及していない。無言が事実を物語っているのである。

●生データの行方

情報公開法施行前に、一部の遺族が再調査を申し入れていたにもかかわらず、一九九九年十一月に裁断、破棄された日航123便に関連した資料は、実はマイクロフィルムで保存されていることがわかった。

二〇〇〇年八月十五日の記者会見にて、事故調は「昨年十一月に破棄した原本資料はすべてマイクロフィルム化して保存している」と説明していたのである。航空事故の資料については、文書管理規則にて、航空機事故調査報告書は永久に、調査資料は十年と保存期間が決められている。保管スペースの問題から十年を過ぎた資料は随時破棄しているが、その際に必ずマイクロフィルムで保管しているとのことで、もし再調査になったとしても十分対応できる状態であることを強調している（二〇〇〇年八月十五日付『毎日新聞』大阪版）⑲。

したがって、情報公開法に基づき請求すれば閲覧可能となる。これらは国家機密事項ではなく、単なる事故調査の資料であるから法的にも何ら問題はない。

そこで三宅弘弁護士と相談の上、遺族の小田周二氏が情報開示を求める書類を国土交通省に提出した。

当然のことながら、国土交通大臣宛てとして出したのだが、次の理由で返送されてきた。「行政文書開示請求書の返戻について、請求内容を確認しましたところ、国土交通省の所掌事務ではなく、運輸安全委員会の所掌事務でした。したがいまして、お手数をお掛けして申し訳ございませんが、運輸安全委員会宛てに開示請求を行っていただきますようお願い致します」とのことであった。運輸安全委員会は外局とはいえ、国土交通省の組織であ

破棄の日航機墜落事故資料
マイクロフィルムで保存
事故調

1985年に起きた日航ジャンボ機墜落事故の調査資料を、運輸省航空事故調査委員会が破棄したことについて、事故調は14日、記者会見で「昨年11月に破棄した原本資料は、すべてマイクロフィルム化して保存している」と説明した。

航空事故の資料は、事故調の文書管理規則で、事故調査報告書は永久に、航空事故調査資料は10年間保存しなければならないと定められている。事故調は「保管スペースの問題から、10年を過ぎた事故調査資料は、随時破棄しているが、その前に必ずマイクロフィルムに保存している」と説明。仮に再調査が必要になった時にも十分対応できる状態であることを強調した。

⑲航空機事故調が破棄した調査資料もマイクロフィルム化して保存していると説明する新聞記事（『毎日新聞』大阪版、2000年8月15日付）

る。時間稼ぎや、たらい回しともいえる対応であったが、そのコピーを同封してもう一度、今度は運輸安全委員会宛てに送った。これでいかなる言い逃れの理由もつけられまい。

情報公開法では、開示請求があったときから三十日以内に返答をしなければならないとある。さらに三十日間延長の場合は通知しなければならない。すると予想通りに三十日間の延長の通知が届いた。延長理由は、「行政文書の確認等に時間を要するため」である。マイクロフィルムによる保存は明確であるから、その確認を行っているということになる。この原稿を書いている現時点で、令和元年六月十日まで延長、となる。さてこの本が世に出るときには、どのような答えが出ているのだろうか。

総務省のウェブサイトを要約すると、「情報公開とは、国民に開かれた行政の実現を図るために重要な法律です。国民に対して政府の説明責任を全うする観点からこの法律の適正かつ円滑な運営が行われるように推進しております」と書かれており、また開示請求は誰でもできる。運輸安全委員会は、この法律通りに適正かつ円滑に開示しなければならないのである。

さて今度は、日本航空側が所有しているというボイスレコーダーとフライトレコーダーの生データであるが、遺族の吉備素子氏が日本航空に対してそれらを開示してほしいという文書を群馬県のA弁護士を通じて出していた（二〇一八年二月二十八日付）。

当時の日航は植木義晴社長であったが、その答えは次の通りであった。

「日本国が加盟しております国際民間航空機関（ICAO）の定めた規程（Annex13）にて、ボイスレコーダー及びフライトレコーダーの記録は公的な事故調査機関による調査の目的以外には使用してはならないとされております。弊社としましてはこの規程に従い、開示につきましては控えさせていただきたく存じます」として、その返答書には、ボイスレコーダーの記録は事故調査報告書に詳しく書いてあるのでそれを参照してくださいと書かれていた。

まず、この時点で両レコーダーの生データに関し、「弊社は保管していない」でもなければ、「持っていない」でもなく、間違いなく保存しているということを前提として書かれていることになる。

二〇〇一年八月十五日付記事（『東京新聞』朝刊）においても、当時の日航社長の兼子勲氏は、遺族に対して次のように語っている。

「事故の模様を伝えるボイスレコーダー、フライトレコーダー、圧力隔壁は社員の安全教育に使うために残すが、それ以外はいずれ処分する」として、遺族が申し出た引き取り手のない遺品の保存や公開するかしないかについては明言を避けた。この時点でもボイスレコーダーとフライトレコーダーは日本航空内に保管されていたことになる。これは上野村での慰霊祭における発言だったので、その場にいた多数の遺族の皆さんが聞いている。その後安全啓発センターができて、遺品の一部を保存し展示しているのが現状である。日航側の回答に出てくるＩＣＡＯのAnnex13への対応は、前著『遺物は真相を語る』にて説明しているのでそちらを参照していただきたい。

実は全く別の問題として、植木社長が「公的な事故調査機関以外に使用してはならない」というわりには、日本航空が過去にＮＨＫの番組に協力してボイスレコーダーもフライトレコーダーも生データを公開していたビデオがあったのである。

これは日航１２３便のものではなく、一九七二年の日航機ニューデリー墜落事故についてその事故原因を探るという番組（ＮＨＫドキュメンタリー「あすへの記録　空白の１１０秒」）であったが、テレビという、一般人の誰もが視聴することを前提としている番組に協力していたのである。しかも事故発生から一年後に作られたものであるから、ずいぶん早く公開していたことになる。まさか日本航空が、自らテレビに協力してボイスレコーダーの生データを開示していた昔のビデオがあったとは、植木社長も知りもしなかったのだろう。

つまり、「公的な事故調査機関以外は使用できない」という嘘を書いて、遺族の代理人であるA弁護士に対して、騙した内容で回答したことになる。もしも、他の日航機事故ならば開示できて、日航123便の場合だけはできないというならば、その理由を添えればまだよかった。どうせ相手はわからないだろうと、それをしなかったので、ICAOの条文を都合よく理由に出してきたのだとばれてしまったことになる。このやり取りからもわかるが、真剣に訴える遺族に対する回答は、到底誠実なものとは思えないお粗末なものであった。

さて、そのビデオにたどり着いたのは、実は私がインド在住の遺族と連絡を取ったことが発端だった。

●灼熱のインドからの手紙

話は少し戻る。前著（『遺物は真相を語る』）にて大学の研究機関での調査結果を示し、真摯に事実を追究した内容について、それを茶化し、金儲け本とのレッテルを貼った週刊誌の記事の中で、元日航チーフパーサーで航空評論家をしている秀島一生氏が「（前略）遺体の焼け方が激しかった例としては一九七二年の日航ニューデリー墜落事故が挙げられ、123便に限った話ではありません。（中略）事故原因の真相解明を求める声がこの本のような陰謀論と一緒くたにされてしまいかねず、非常に困ります」と述べていた。ここまで明確に言い切るのであれば、秀島一生氏は、よほど具体的に一九七二年六月十四日にニューデリーで起きた墜落事故の遺体状況と日航123便の遺体状況を比較検討なさったのだろうと考えた。

前著（『遺物は真相を語る』）では、私は当時の医師たちから詳細な検死結果を入手してインタビューを行い、日航123便で亡くなった全員の遺体状況と写真を分析した上で慎重に執筆した。

そこでまず、その検死と身元確認を行った医師に、

「航空評論家と名乗る秀島一生氏は、先生を取材しに来ましたか、私と同じ資料を渡されましたか」と確認をすると、その人の名前は聞いたこともないし、検死写真も渡していないとの答えであった。群馬県警察医でその先生以外に当時の状況を知り、詳細な資料を持つ人はいない。念のため他の医師にも確認をしたが、その航空評論家を知らなかった。つまり秀島一生氏は、日航123便の遺体状況の調査もしていない上、焼死体の調査をしていないにもかかわらず、あのように雑誌で発言したことになる。これがどういうことを物語るのか、ご自身が一番よくわかっているはずである。秀島氏の言葉を借りるのであれば、真相解明を求める声に対してお粗末であろう。これでは評論家として語るにはあまりにも

知識が乏しすぎるのではないだろうかと、この記事に大きな不満を持つご遺族に伝えた。

そして私自身は、具体的に比較検討するにあたって、ニューデリー事故の遺体がどのように焼け焦げていたのかについて把握しておかなければならないと考えた。もし、ニューデリー事故が日航123便の遺体状況と同じぐらいの焼死体であったのならばそれも書く必要性がある。詳細に調べてみた結果が次の通りである。

一九七二年六月十四日（現地時間）、東京（羽田空港）発ロンドン行の南回りと呼ばれていた日本航空471便・DC−8型機（乗客七十八名、乗務員十一名、合計八十九名が搭乗、乗客乗員は十六ヶ国にわたり、そのうち六十四名が外国人）は、バンコクを離陸してインドのニューデリー・パラム国際空港に着陸しようとして失敗し、午後八時五十五分（日本時間十五日午前零時二十五分）、着陸寸前で空港から南方約二十五キロのジャイトプール村のジャムナ川土手に墜落した。日本航空471便ニューデリー墜落事故(*6)である。当初、十三名が生存していたが、うち八名が全身火傷で間もなく死亡、残る五名の状況は次の通りであった。

◆イタリア人と結婚した邦人女性三十四歳――頭、顔、手足第三度の火傷、意識明瞭
◆日航アシスタントパーサー二十七歳――足挫傷、頭部打撲、脳内出血意識不明

◆英国国籍の姉妹のうち姉四歳——左太もも、右肩骨折
◆右の妹二歳——左上腕骨折、大腿部骨折、頭部打撲
◆スウェーデン国籍十一歳女児——左前腕骨折、右ひざ打撲

これらの生存者全員が女性であった。さらにその数日後に邦人女性と日航アシスタントパーサーが亡くなり、最終的には八十六名死亡、三名重傷の事故となった。

火傷の状況だが、新聞記事では「散乱する黒焦げ遺体、我が国初の国際線惨事」との見出しがある。ちょうど空港周辺の土手で工事を行っていたためにインドの労働者四名が巻添えで亡くなった。

前方の乗客の三十二体は焦げておらず完全に近い遺体であった。その理由としては「主翼の燃料タンク付近が土手に激突したため、前方を除く中央部から後部にかけてが火に包まれた」との見解だった。気温40℃を超す夏の砂嵐が舞う中での作業ゆえ腐敗と傷みが早く、日航側は現地で棺を作らせ、ホルマリンの調達や東京からドライアイスを空輸するなどの対応に追われていた。数枚の遺体写真は確かに黒焦げ状態に見える。ただし細切れの炭の形はないようだ。表面は真っ黒であるが、骨の炭化の有無までは医師の検死結果が入手できないと明確にはわからない。ただ、身元がわかるくらいの衣類の切れ端や、もみじ

柄の和服を着た若い女性、というように衣類の一部が遺体に残っている。日航123便の場合、炭化遺体は歯型以外にはわからないほど骨の奥まではっきりと炭化しており、衣類もすべてが炭の状態になっていた。そこには差異が認められる。つまり表面的な火傷と骨の奥までの炭化とは別であって、ニューデリー事故の遺体状況は日航123便の場合とは異なると推定される。

当時の目撃証言は、機体は火だるまとなって後ろから火を噴いていた、いったん持ち上がって墜落した、後部が爆発したなど、当時は中東テルアビブ空港乱射事件に伴って中東路線でのハイジャックや爆破予告が多かったこともあり、日本の警視庁でも捜査員を現地に派遣して捜査をしたとのことだった。

インドでは、国際路線に外国人搭乗者が多いことに鑑み、自国のみならず他国と関係が深い航空機事故に関する調査は、ニューデリー高等裁判所において行うことになっている。当然のことながらボイスレコーダーやフライトレコーダーを含むすべての資料の調査を公開審判形式で行っていく。この日航機事故についてもその旨が決定し、事故調査委員長にはパーカッシュ・ナレイン判事、委員にインド側の航空飛行審査官やインド航空の機長などが任命され、約八ヶ月にわたって六十回以上の公開審理を行った。日本側は、代理人としてインド人弁護士を立て、日本航空のＩ・Ｉ機長、運輸省航空局のＫ技術部長、Ａ事故調査課長が代表となった。法廷では目撃証言、技術や医学調査など米国の専門家や研究者、事故機前後に空港にアプローチした機長など関係者に証言をさせた。これらもすべて公開形式である。特に、なんの損傷もなかったボイスレコーダーの公開日には、多くの報道関係者が傍聴した。現地の日本人特派員たちは、初めて生のボイスレコーダーを聴くことができた。墜落直前までのパイロットたちの会話が事故原因究明にどのように役立つのか、その一部始終を公開裁判というオープンな場で体験したのである。

一九七三年一月七日付新聞各紙によれば、結局のところ、日航パイロットの操縦ミスが主原因と発表され、同年六月二十二日、事故発生から一年後に裁判の結果を踏まえて最終報告書が出された。結論は、着陸直前まで滑走路の位置や高度の異変に気づかなかった「日航のパイロットミス」と断定されたのである。この結果にはインドの空港設備の欠陥は反映されていなかった。当初より、他の航空会社の機長からの証言通り、パラム空港のＩＬＳ（計器着陸装置）設備の不備で、ゴーストビーム(*7)が出やすく、誤った誘導電波によって降下高度のミスを犯しやすいといったことが指摘されていた。その欠陥説を一部認めながらも、最終的にはパイロットミスという形にインド政府側が決定したのだ。このことが背景にあり、新聞各紙は「後味が悪い結末」、「インド政府の一方的発表」としている。

日航側はそれを不服として再審請求を行っている。つまり日航とインド政府の見解の相違によって事故原因の真相が明確にならず、単なるパイロットミスとされたことに対して、日本航空は納得できない結論との見解を出したことになる。

実は裁判と並行して、日航側はボイスレコーダーの聞き取りにくい部分の解析を富士ゼロックス研究所に依頼していた。会話の発声者と詳細な内容を明らかにすることで事故分析を試みようとしていたのである。そこでこの模様を放送で公開したのが、NHKのドキュメンタリー「あすへの記録　空白の110秒」(＊8)（一四八頁も参照）である。しかも、これはなんと一九七三年六月十五日の放送であった。インド政府の事故調査報告書が出る直前の放映である。ニューデリー事故の遺体状況を調べていて偶然この存在を知ったのだが、その日時と内容を見て驚いたのである。

これでもうおわかりだろうが、植木元日航社長による遺族への返答、「事故調査機関以外に自分たちが公表することはできない」というのはなんだったのだろうかと思わざるをえない。自らテレビで公開しているではないか。したがって、この番組からもわかる通り、元データの公開不可能という見解は否定される。なお日航123便事故の海外の遺族関係者にも、このビデオが存在することは伝えておいた。

実はこのニューデリー事故当時の副社長は、日航123便事故当時の社長、高木養根氏であった。彼の副社長、社長時代には次々と事故が起きている。急な路線拡大による乗務員の訓練不足や、自衛隊出身パイロット採用の割愛制度(*9)での弊害もあったと当時の論文で指摘されている。

さて話は戻るが、実はこのニューデリー事故の翌日、今度は南ベトナム（当時）の上空でキャセイ・パシフィック航空が空中分解を起こすという惨事が起き、邦人十七名（うち十二名は群馬県の観光団体）を含む乗客乗員八十一名全員が死亡する大事故が起こった。当時の新聞記事には、キャセイと日航の記事と悲嘆にくれる遺族が交互に出ており、惨事続きと事故原因について、墜落の謎解きが繰り広げられていた。特に当時は戦時下のベトナムゆえ、信頼される情報として、米軍チャーター輸送機や米軍のF4ファントム戦闘機が衝突したと語る南ベトナム政府軍スポークスマンや、ミサイルに当たったという説が出て、米軍側と南ベトナム政府軍が見解を対立させ、キャセイ航空側が沈黙するという異常事態であった。

ここでのポイントは、事故調査は政府筋の関係による圧力の介入によってゆがめられやすいというD氏の言葉通りだということである。

それにしても、日本航空側も自分たちが納得しない場合は生データを公表しているが、そうではない場合や日本政府の意向によっては、その情報を遺族にすら開示しない、という恣意的な判断を行ってきた。遺族への情報開示は自分にとって不都合だからしたくないということになる。これはいい、これはだめと勝手な判断で行うことは、公共交通機関としてあるまじき行為であり、こういった意図的なやり方について、三宅弘弁護士は断じて許されることではないと語る。

私はこの点も踏まえて、早速インド在住の遺族と連絡を取った。

その男性は当時まだ学生で、仕事で来日していた両親を日航１２３便墜落で失った。私の本を英語で要約し、資料とともに送付した。そこで彼から連絡をいただいたのである。彼も日航１２３便の墜落原因が不明のままだったということを初めて知ったとのことだった。

彼はこれからの展開に大変興味があるとして今後も日本の遺族とつながりながら自分にできることをしたいと語り、情報を交換し合うことを約束した。

外国人遺族と呼ばれる彼らの存在はあまりにも無視されている。損害賠償金を払ったのだからこれで終わりという態度が見え見えである。逆の立場だったらそういうわけにはいかないだろう。今こそ国境を越えた遺族同士のつながりは重要である。念のため、あの日の「外国人」搭乗者名を明記しておく。

日航123便墜落事故　外国人（外国籍）犠牲者名（合計22名）

1. Edward Anderson　国籍：アメリカ　享年48歳　男性　化学薬品会社出張中
2. 安時煙《アンシヨウ》（Ahn Chiou）　韓国　52歳　貿易商　男性
3. 楊紫丹《イエンシータン》（Yeung Chi Dan）　香港　22歳　女性　機電工程師
4. ヴェルナー・ハラルド・グェルケ（Werner Harald Guerke）　西ドイツ（統一前当時）
33歳　男性　貿易商
5. キム・オクジャ（Kim Okja）　韓国系アメリカ人　43歳　女性　看護婦　中央日報大
阪支社長の妻
6. キム・チェイストファー（Kim Chaistopher）　同右　前者の長男　16歳　高校生
7. キム・スコット（Kim Scott）　同右　前者の次男　13歳　中学生
8. キンブル・ジョナサン・マシューズ（Kimble Jonathan Mathews）　イギリス　28歳
男性　婚約者の西口昌子（享年25歳）と一緒に大阪で結婚式のために来日
9. クラウバルト・ジョチェン（Klaubert Jochen）　西ドイツ　53歳　男性　ＢＡＳＦジ
ャパン常務
10. スリーモーハン・チャウチャリア（Shreemohan Chhawchhara）　インド　40歳　男

性　カルカッタのアセチレン会社副社長で商用

11. 譚澤霖《タムチャクラム》（Tam Chak Lam）　中国（香港在住）　72歳　男性　会社役員

12. 張麗娟《チョウレイカン》（Cheung Lai Kuen）　香港　27歳　女性　会社員

13. トリプタ・ムカージ（Tripita Mukherjee）　インド　35歳　女性　夫と一緒に商用と観光で来日

14. カルヤン・ムカージ（Kalyan Mukherjee）　同右　41歳　男性　前者の夫　コンサルタント

15. アンドレア・モローニ（Andrea Moroni）　イタリア　17歳　高校生　父親と来日中

16. ジャン・カルロ・モローニ（Gian Carlo Moroni）　同右　49歳　前者の父親　男性　会社役員　息子と大阪へ向かう途中

17. 李《リ》國光《コッコウ》　香港　58歳　男性　貿易商

18. 李《リ》恵慶《ヘイチョン》　韓国　21歳　女性　学生

19. 崔甲順《チェカッスン》（Chung Soon Duck）　韓国　45歳　女性　主婦

20. ワーレッチ・ウィルソン・ウォード（Wallach Wilson Ward）　アメリカ　26歳　大学研究生

21. 葉瑞祥《ヨウズイショウ》（Yo Zue Sho）　中国（広東省）　37歳　男性　貿易商

22. 一人身元遺体未確認者（Michael Hanson）アメリカ　男性

おわりに　次世代へ

●公文書は未来のための記録

「自分の子供のいのちに値段をつけること、それを迫るのが補償交渉である」

「そのお金、あなたにあげるから私の主人のいのちを返してくださいと言って、その場で銀行から調達したお金を日航職員の目の前に積んで見せたんよ」

ご遺族からこの言葉を伺ったとき、私のこころに小さな灯りがともされた。

あれから数十年を経て、この灯りは今では国境を越えて世界中に広がり、次世代へと伝わっている。もう誰にもこの灯りを消すことは許されない。むしろこの灯りを広めることこそがこの国で暮らす私たちの使命である。長い年月をいたずらに先延ばしにすることは許されない。

司法の場において不起訴となったことは、結果的にボーイング社、日本航空、管理監督責任のあった運輸省（現・国土交通省）航空局は加害者ではない、という認識が成り立つ。それについて現在、航空局にいくつかの質問をし、面談を申し込んだ遺族の小田氏に対し、航空局総務課課長のH氏からの回答には、

「（前略）当局は本件につき加害者であるという認識は全く持っておりません（後略）」と

いう明確な答えが記されている（二〇一六年十月二十一日付）[⑳(上)]。

さらにもう一行、念のためと思ったのだろうが、次の文章を付け加えている。

「当方にはこの点について議論の余地がないと考えているのでこの点をご理解いただくことがお会いする前提です」というのである。

その後、十二月十六日付メール[⑳(下)]では、「局内、省内各局及び他省庁との調整など多忙を極めていることから、面談は1時間とさせて頂きます」と時間設定をしてきている。多忙を極めている理由がいずれも内々での仕事である。

墜落で二人の子供と親戚三人の五名を失った当人に対して、「私たちには、明確に責任はない」と言い放っている。どういう理由で、責任がないというのだろうか。無責任体質そのものを自らの言葉で語っているのである。

なお、小田氏は国土交通省に出向き、二〇一六年十二月二十一日に一時間のみ面談を行った。その際に、事前に伝えていた事故原因に関する議題は削除され、すべては事故調査報告書の記載通りであることや、「本件航空事故の刑事訴追に係る検察庁の判断に関し、国土交通省航空局は関与する立場になく、お答えできません」との回答であった。さらに最後は、公開質問状を持参した小田氏からその質問状を受け取りもせず、逃げるように会議室を出て行ったそうである。帰り支度をしていた時その部下が戻ってきて、とりあえず受け取ったそうだが、その後一切、質問に対する回答が来ていないという。

国土交通省側がこうやってその場しのぎで言い逃れてきた結果、時間ばかりが経ってしまったのである。会社組織の中での役割を終えて退職すれば、担当者は全く無関係となる。次の担当者に引き継ぎさえすれば終わりである。しかし、遺族はすっきりしない思いを抱えてずっと生きていかなければならない。

それにしても、ここまで必死に自分たちの組織を守ろうとするということは、よほどやましいことがあるのか、相手のことなど考えていられないほどの形振《なり》りかまわない状況ということになる。

一方日本航空側は、「補償について、事故の責任を弊社自らが痛切に感じ、加害責任があるとの判断で行いました」とし、その認識は今もなお変わっていないという。そのわりには、詳細な質問への答えは、「ご理解下さい」、「お詫び申し上げます」、「確認できません」という言葉の羅列ばかりである。小田氏は、もっとわかるように説明してくださいと言ったところ、「私は馬鹿ですからすみません」とまで言われたそうだ。

どちらも業務上過失致死で書類送検されているのだが、日航には責任があり、航空局に監督責任はない、加害者ではない、という。それでいて、事故原因は事故調査報告書の通りだ、という。どうしたらこのねじれた内容に納得ができようか。

From: [redacted]@mlit.go.jp]
Sent: Friday, October 21, 2016 11:09 PM
To: shujioda[redacted]
Subject: RE:（国土交通省航空局総務課）RE: メールアドレス確認⇒　遺族からの面談日時の申し入れ ⇒　面談の催促　⇒　再検討依頼要請10/10⇒　再再催促10/18

小田様

面談に関し、いろいろとご要望頂きました。

その前に一点気になることがあります。

小田様から頂いたメールには、「航空局は加害者である」との見解が再三示されております。

今年の慰霊式において、総務課長から小田様へ「国土交通省にも責任がある」とお話ししたのは、「航空行政を司る我が省は、航空機によりお客様を安全に目的地へ到着させることが第一の目的であり、このような悲惨な事故によりそれを達成できなかったことを遺憾に思う」との趣旨で申し上げたものです。

ご存じのとおり、本件事故につきましては、国土交通省（当時の運輸省）幹部が業務上過失致死傷容疑で書類送検されましたが、司法の場で不起訴との判断が確定しており、当局は本件につき加害者であるとの認識は全く持っておりません。

当方としては、この点については議論の余地がないと考えており、この点につきご理解頂くことがお会いする前提になると考えております。

From: [redacted]@mlit.go.jp]
Sent: Friday, December 16, 2016 6:38 PM
To: shujioda[redacted]
Subject: RE:（国土交通省航空局総務課）RE: メールアドレス確認⇒　遺族からの面談日時の申し入れ ⇒　面談の催促　⇒　再検討依頼要請10/10⇒　再再催促10/18 ⇒　再再再催促⇒　日時の連絡の再再再再催促　⇒　航空局回答　⇒　小田の要請、懇願

小田様

面談候補日を以下のとおりお知らせします。

日時：平成２８年１２月２１日（水）１１：００～１２：００
　　　又は、平成２８年１２月２２日（木）１１：００～１２：００
場所：千代田区霞が関２－１－３　中央合同庁舎３号館地下１階
　　　国土交通省ホットラインステーション

なお、面談時の議題として提起があった以下の点に関して、本件を所掌する当局担当部から以下のとおり基本的な見解が出され、本件に関しては、あらためての議論は要しないとのことです。

従いまして、当該論点は対象外とさせて頂きます。それ以外の点を総務課長のみ対応しますが、総務課長は局内、省内各局及び他省庁との調整など多忙を極めていることから、面談時間は１時間とさせて頂きます。

⑳小田氏によれば、日航機事故31年慰霊式典（2016年8月12日）にて、国土交通省航空局H総務課長と面談し、航空局にて技術会議の面談の申し入れを行った。後日このメールが届いたとのことである。（上）小田氏宛て（2016年10月21日付）。（下）国土交通省ホットラインステーションにて面談を行うという内容の2016年12月16日のメール。

さらに道義的責任はあるが、罪を犯したという認識やその責任はないと思っているように見受けられる。これらを明確にしなければ、五二〇の失った命は、未来に全く活かされないことになってしまう。

小田氏がこのような質問状を出し続けているのには理由がある。それは、遺族にしか果たせない責任というものがあるからだという。そのことに気づくまで、二十年以上、誰とも会いたくない、もう忘れたい、人と接したくない、すべて遠ざけて逃げ出したいという思いが暗黒の雲のように全身に覆いかぶさってきた。おそらく生存者の四名も一緒の気持ちだろうと語る。

しかし、海外では航空機事故に立ち向かい、公式発表の事故原因を変えさせるまでの新証拠をつかんだ執念の遺族がいるという話を聞いた時、突然真っ黒な雲がすっと消え、心に光明が射し込んだ。自分の果たすべき役割は、これであると思い、そこから一気に墜落原因について調査を開始したのである。思い出したくないあの日々のことを調べれば調べるほど、自分に矛先が向けられているようでそのプレッシャーに心が切り刻まれる思いだった。生存者もたった四人しかいないのだから、墜落の原因究明に力を貸してほしいと心底思いつつ、忘れたいという昔の自分と同じ思いがあろうことも理解できる。こういう心の狭間に揺れ動き、それでもなお自分の使命として必死に書いた質問状であり技術会議である。これを避けている国土交通省航空局と、その質問状の答えをいかにはぐらかすかばかりを考えている日本航空は、もっと小田氏の深い思いに寄り添わなければならない。

日本のみならず世界の航空機墜落史上、単独機で最大の死亡者を出した事件なのであり、さらに今後においても、すべて二階建てのエアバスＡ３８０でも国際線仕様で五二〇名となれば、最大の死傷者数は変わらない。この大事故が刑事裁判にならなかったからそのままでいいという訳では断じてない。三宅弘弁護士の思いもそこにある。

歴史の中にきちんとした形で留め、調査の元データも含めて開示をしていくことで、後世に伝えなければならない国民共有の知的財産なのであって、決して曖昧のまま許してはいけないのである。せっかくの情報公開法も国立公文書法もそれを活用してこそ意義があるのであって、民間も公に重要な文書を寄付するようになっている。事故調査委員会も日本航空もこれらのことをしないまま、何処に何があるのかわからない、などというふざけた答弁がまかり通ると思ったら大きな間違いである。

今後は海外の遺族たちが次々と事実の解明に乗り出そうとしているのだから、日本側がやらないというわけにはいくまい。

英国の弁護士のみならず、米国の知り合いの弁護士にも意見を伺ったところ、非常に有効な法理論が出てきた。私はこれについて、広く一般の皆さんとともに考えていきたいと思っているが、今後の計画については現在進行中であることからあえて控えさせていただく。

ただ、一人ひとりが考えなくてはならないことは、私たちの心の奥底にある過剰な怖れの精神である。特に行政側の人間たちがその怖れゆえ、次々と重要な資料を捨てていたらどうなるだろうか。内閣をはじめとして国の機関や公共団体が、法律や政令、その他の法規に従って行う政務の過程において、自分たちの不利になる資料や議事録、公的な文書を改ざんする、破棄する、都合のいいように解釈することが許されるとすれば、信頼関係が根底から崩れていくだろう。

正しく保存するルールがないがしろにされているのである。

司法の場においても裁判記録の破棄が行われている。特に国側の敗訴や憲法訴訟で国が負けた事案の記録が残っていないことが明らかになってきている。民事事件は最高裁内部ルール（事件記録等保存規程）によって、判決文と特別保存記録は国立公文書館に移管、永久保存となっている。しかし、他の裁判記録や資料は五年間で自動的に破棄処分している実態が指摘されている。刑事事件については、判決確定後三年で閲覧禁止、その後破棄（判決文は最長百年保存）である。そもそも刑事裁判記録は公文書管理法の適用除外である。刑事裁判記録とは、供述調書や証拠、論告や弁論などを指すが、保管満了後の保管場所が検察庁であり、刑事記録も含めてその後の保管や破棄の選定手続き、基準、運用実態はいずれも不透明であることが指摘されている。

たとえ国側の敗訴に終わった事件であっても、司法の場における公平性や透明性を担保してすべての文書を保存することが原則のはずである。行政や司法が勝手な判断でそれらを破棄し、消去することは、明らかに作意的だと言われてもしかたがあるまい。

なぜ、先進国の日本においてこのように不透明で手前勝手がまかり通ってしまうのだろうか。公文書への意識がもともと低いからだろうか。それとも単に「長いものに巻かれろ」といった自分の処世術の一つに過ぎない行動なのだろうか。権力を持つ人に従っておけば、自分だけは安泰で得策である、という考えが染みついているのであれば、いつの間にか、それは権力の横暴を招くことになる。権力の横暴は暴力的な支配力を生んでしまう。その結果、国家間で最悪の事態になるのが戦争であって、誰もが望まない世の中になっていくのである。その時になってから、なぜこんな世の中になってしまったのか、と嘆いても遅い。

今日を生きる私たちにできることは、怖れではなく豊かなこころを持ち、ゆっくりでもまっとうな方向に進んでいくことではないだろうか。

公文書管理と情報開示の先進国ともいえる米国や英国、ドイツ、そして航空機事故調査や再調査について公開裁判が当たり前に行われるインドなどに日本流の曖昧さは通じない。やっていいことと、悪いことがある、最低でも次世代にこれだけは伝えなければならないのである。

●世界の輪

今回は一人の英国人研究者と遺族との出会いが、さらに新たな出会いを生んだ。まずカーディフ大学教授のクリストファー・P・フッド氏に感謝申し上げる。彼は英国人として独自の切り口から日本人の精神についての考察を展開している非常にユニークな研究者である。新幹線を舞台にしてミステリー小説も書くほどの日本好きの彼によって、今回の英国訪問とカーディフ大学での講演が実現できた。

ついこの間まで私は、アイデンティティを封じ込められて苦悩しながら生きてきた英国人の遺族の存在を知らなかった。この本は彼女の積極的な行動なしには書けなかっただろう。Ms.Susanne Belinda BAYLY-YUKAWAに、心から感謝したい。なお、彼女の名前のカタカナ表記だが、英国風の呼び方であって故湯川昭久氏が表記した形に添うように書いた。正式には、ズザン・ベリンダ・ベイリイ・湯川、である。

英国人法廷弁護士のＯ・Ｍ氏とＪ・Ｔ氏、ＢＢＣ英国公共放送のジャーナリストＲ・Ｃ氏、世界中に幅広いネットワークを持つ、ロビー活動専門の政治コンサルタントのＭ・Ｂ氏、元英国航空機事故調査委員で世界的に活躍する航空機事故衝突コンサルタントのＤ・Ｇ氏らにも的確なアドバイスをいただき、大変ありがたく思っている。なお、ロンドンで素敵な梅の花の名刺をいただいたＣ・Ｋ氏にも感謝申し上げる。今後もこのつながりを大切にしていきたい。

不起訴確定後、長年にわたり、司法の場でこの問題が取り上げられなかったことで苦悩してきた遺族のために立ち上がってくださった三宅弘弁護士には心から敬意を表する。五二〇の魂も喜んでいることだろう。

「墜落原因を明らかにしないことは公共交通機関としての存在意義にも問われる、原因不明のまま終わらせて済む話ではない、国民の財産である公文書や元本、元のデータはすべて情報公開法に基づいて適切に対応しなければならない」と語ってくださった三宅弘弁護士には、どれほど感謝してもしきれない。

遺族の願いをかなえるべく、今後展開する司法への道がスムーズに開かれるように関係者名をイニシャル表記とさせていただく。

なお私のペンネームは、元・上野村村長の故・黒澤丈夫氏に付けていただいた。上野村の青い山々から、「青山」、物事には透明性が必要であるとのことから「透子」である。透明性を保ち、なんの圧力もバイアスもかかることなく本当のことを書くことが不可欠であるため、本名は非公開とさせていただく。今後、三宅弁護士や海外などの関係者も含め、個人情報に関することでこの問題を封じ込めようとする動きがあれば、ただちに法的に対応することを明記しておく。

思えばその昔、自民党宏池会が公募した「魁―ほんとうに大切な日本の未来像を考える―」というテーマの論文募集に私の論文が入選し、同じく論文が採用された精鋭の人たちとともに、政策に関する会合に参加する機会が何度かあった。ずいぶん以前のことだったが、当時は何かを変えていかなければいけない、このままでは決してよくない、という気概が国会議員の皆さんに滲み出ていた。無知に甘えて勝手に恣意的な政策を語ってはいけないと、懸命に努力をされていた。

その後、群馬県警察医の医師と遺族の吉備素子氏が首相公邸で話をする機会があった。まずは誰もが事実を知ることから初めていかなければならない。

公務員たちも、誰かからの指示で集団ぐるみでネットに書き込むことや、日頃のうっぷんをヘイトで晴らすことや、不本意なことを強要されるような仕事を望んではいないはずだ。隠蔽に加担させられることで得られる利益は必ず身を亡ぼす。

そういった心の歪みがどのような形で表れてくるのか。

先日、覚醒剤保持で逮捕された経済産業省や文部科学省のキャリア官僚は、省内の職場の机の中に注射器を保管し、トイレや会議室で使用したと供述している。ということは、その周りの人間たちが気付かないはずがない。すでに職場全体に蔓延しているのかもしれない。そのうち、薬物依存の入口である大麻も覚醒剤も合法にすれば逮捕されずに済む、という極めて勝手なことを言い出して、そのお金に群がる人たちを巻き込み、法律改正を言い出し始めかねない。それこそ言語道断である。一人が逮捕されても、その根っこを絶たない限り、こういった事態は続いていく。ストレスを薬物で解消するほどみじめな日々を送っていることになる。

これは日航の酒酔いパイロットの逮捕事件と同じ構造だ。隠し通そうとすればするほど奈落に落ちてゆく。その一部始終は隣の誰かにすべて見破られている。官僚もまっとうではない生き方をするために、必死に勉学に励んだわけでもあるまい。誰もが自分自身の役割をきちんと成し遂げること、違法行為に目をつむらないこと、失敗を安易に許さず原因を考えること、失敗したらそれを正直に話すこと、これができる人間が本当に強い人ではないだろうか。その努力を続けることで、何よりも自分自身が理想とする心地よい生き方ができるはずだ。

そういう人たちとともに、この事件を解明していきたいと思っている。

相模湾に沈んだ機体の残骸引き上げの実現はどうすれば可能となるのだろうか。まず、墜落原因の究明に命をかけている遺族たちに、運輸安全委員会がそれらを放置していたことを謝罪する。その遺族が見守る中、若い自衛隊員有志によって相模湾から残骸が引き上げられ、その模様をメディアは襟を正して報道する。英国や米国など海外の航空機事故調査専門委員が分析を行ったその結果を踏まえ、日本航空が本当の墜落の原因について展示をし直し、すべての生のデータは国の公文書館へ寄付をする。

自発的にそれができない場合は司法の力をもって解決するしかない。

墜落をめぐる無駄な論争を仕掛け、姑息な手段で追及を逃れる人生を送ってきた人の行為に終止符を打ち、明らかになった事実を正面から見つめる機会を与える。自分さえ黙っていればどうせわからないだろうと次世代に汚点を残していくのではなく、せめて後世の人たちに悔い改めた姿を残す。これは恐怖心が支配する自分の心との闘いである。突き詰めれば自分の存在価値を高めたいという過去の欲望と、権力を失いたくない、素直に謝れないという怖れがこういう事態を引きおこしたのだろう。自国の失敗を他国のせいにしてスムーズに事が運ぶはずはない。どこかで誰かが注視しているのである。

それによってもたらされる波紋が津波以上の大きさであろうとも、静かな凪であろうとも、次世代が判断することにとやかく口を挟んではならない。

この実現こそが五二〇の魂へ向けた本当の鎮魂であり、その上で私たちは心安らかに納得のいく未来を築くことができるのである。


日航123便における四冊目の本を世の中に送り出してくださった河出書房新社の皆様、編集者の西口徹氏に感謝の念をお伝えしたい。

一年間、この問題を正面からとらえて研究して一生懸命に研究発表を行った県立T高校の生徒たちとその教師の皆様、いつも丁寧なお手紙を送ってくださる多くの読者の皆様に心より感謝申し上げる。

また、この本の出版記念の日（七月十六日）に、早稲田大学法学部と比較法研究所の共同開催ということで、早稲田大学法学部8号館においてシンポジウムを行うことになった。基調講演は三宅弘弁護士である。タイトルは「情報公開と知る権利―今こそ日航123便の公文書を問う」で、私も登壇してこの墜落に関する多くの疑問点について解説をする。森永卓郎氏は「日本経済から見る1985年」という視点から問題を投げかけて講演してくださる。英国人遺族のスゥザンも来日して、日本人遺族の小田氏、吉備氏らとともに、自分たちが果たすべき本当の役割について語る。この画期的なシンポジウムにはきっと多くの学生や研究者、弁護士たちが参加するだろう。そして最も重要なのは海外メディアへのプレスリリースである。これによって一気に今後の展開が加速するだろう。世話人を引き受けてくださった水島朝穂早稲田大学法学学術院教授に心から感謝する。

最後に感動的なメールを読者の皆様と共有したい。

一七八ページから一八三ページまでに掲載した英文の手紙及び訳文は、小田周二氏がご自身の著書を英国在住の遺族、スゥザンさんに贈った際に、彼女から届いたお礼のメールである。

今後、国際的にも日航123便のような不透明な事故調査とならぬよう、国際的な法律の制定を働きかけることが私たち遺族の使命である、と結んでいる。特に軍事問題が絡む場合、なすべきことをなさない国家に対する市民たちの力が試される時である。

多くの市民の力でこれらを成し遂げたとき、きっと日本は変わる。いや、そういう未来を創るために、今こそ変わらなければならないのである。

二〇一九年（令和元年）六月一日

青山透子

スゥザンから小田周二氏への手紙

以下は、スゥザンが小田周二氏に送ったメールによる手紙（二〇一九年五月二十三日）と、その拙訳である。

Dear Oda san,

I hope you are well.

Thank you so much indeed for sending me your very precious books!
I received them today and I was so surprised and deeply touched by your very kind gesture, I am truly grateful.
I have repeatedly read your letter, my heart breaks for you, you were robbed of your

children, I feel your pain my heart goes out to you.
You lost your sister in law and her two children too. Your grief must have been unbearable, I know it never goes away.

You have devoted your life to finding the truth and I have the greatest respect and admiration for your every effort and determination.
Your children and other family members are surely with you in spirit.

It is unthinkable that the Japanese government and Self Defense Army failed to be transparent. This cover up is indeed an absolute crime and must be exposed.
I will do everything in my power to join your efforts because like you all I live for the truth to come to light — and we will achieve it! It's our mission!
It's already too much in one life time that we have to endure the loss of our loved ones — we should not be tortured as well by lies and lack of truth this only deepens our pain and is unlawful.
We deserve only the truth. Like you I am absolutely determined.

I am determined to find ways to reach out to the media on the global platform — I am sure with enough foreign media pressure the government will be forced to act — eventually they have to.
When the truth is out and the real cause of the JAL 123 crash is determined — I hope we could achieve the creation of a new international law to prevents any government from hiding the truth after an air crash. Full disclosure of all relevant information should automatically be compulsory so the guilty can be held responsible for murder.

Once again, thank you so much again for your great kindness, I will treasure your books.
My heart goes out to you.

Warmest wishes
Susanne

Susanne Bayly-Yukawa

＊

（訳文）

小田さん、

お元気でいらっしゃることと存じます。

貴重な本を送ってくれて本当にありがとうございます。
私は今日あなたの本を受け取りました、そして私はあなたのとても親切な行為に驚いてそして深く感動しました、私は本当に感謝しています。

私は繰り返しあなたの手紙を読みました、私の心はあなたのために痛みます、あなたは子供を奪われました、私は同じ痛みを感じています。あなたは義理の妹と彼女の二人の子供も失いました。その悲しみは耐え難いものだったに違いありません、私はそれが決して消えないことを知っています。

あなたは真実を見つけることにご自身の人生を捧げました、そして、私はあなたのあらゆる努力と決意のために最大の尊敬の念を持って称賛いたします。

あなたの子供たちや家族の方々は、きっとあなたと志を同じくするでしょう。

日本政府と自衛隊が透明性を欠いていたことは考えたくもありません。この隠蔽は確かに絶対的な犯罪であり、暴露されなければなりません。

私はあなたの努力に加わるために全力を尽くすつもりです。それが私たちの使命です！

私たちが愛する人の喪失に耐えなければならないのに加えて一生のうちにあまりに多すぎる――つまり、私たちは嘘と真実の欠如によってもさらなる拷問を受けるべきではなく、これは私たちの苦痛を深めるだけでこれらは不法です。

私たちが受けるべきなのはただ真実だけです。あなたと同じように私も固く決心しています。

私は、グローバルなプラットフォームでメディアに手を差し伸べる方法を見つけることを決心しています、政府が強制するであろうことに対して十分な外国メディアの圧力により、最終的に彼らはしなければならないと確信しています。

真実が明らかになり、日航123便の墜落の本当の原因が判明したとき、私たちはいかなる政府からの妨害も防ぐために新しい国際法の創設を達成することができればと思います。

航空機墜落に真実を隠している、そのすべての関連情報の完全な開示は自動的に強制的に行われるべきであり、その結果、有罪ならばこの殺人行為に対して責任を負うことになります。

もう一度、どうもありがとうございました。あなたの本を大切にします。

私の心もあなたと共にあります。

ご多幸をお祈りして（敬具）

スゥザン・ベイリイ・湯川

●注記

（＊1）ベンゼンと硫黄（半定量測定による）

一九八五年、御巣鷹の尾根から採取したジュラルミン（機体の残骸）の付着物

・GC-MS分析でベンゼンが多く検出された結果について

ジェット燃料のケロシンや灯油は炭素が直鎖上につながったもの（パラフィン）であり、それらにはベンゼン（炭素が六角形状になったもの）は含まれていない。ジェット燃料が高温で熱変成し、ベンゼン環が合成された可能性があるが、単に高温になっただけでは、ジェット燃料は蒸発および分解してしまい残留しないため、今回残留している物質はある程度閉じた空間で蒸発せずに化学反応したと思われる。ガソリンにはベンゼン環が含まれている。

・ICP-MS分析で硫黄が多量に検出された件について

ジェット燃料には生成途中で硫黄を除去しているため一般的には硫黄は含まれない。ただし、若干は残っている可能性はある。ゴムの成分には硫黄が入っている。今回、多量に検出された硫黄はゴムに含まれていたものである可能性が高い（遺物のサンプルは4㎝～12㎝くらいのサイズの小さなかたまりであり、量的に考えてそこに多量のタイヤのゴム成分は考えにくい）。したがって、ジュラルミンの航空機残骸に練り込まれていたものから、ジェット燃料に含まれないベンゼンと、硫黄が検出されたことになる。さらに、遺物の黒い部分にはクロロフォルムも含まれていた。クロロフォルムがなぜ付着していたのか。それらは、いずれも武器燃料に含まれている成分

である。

（＊2）BREXIT

British と Exit を混合した言葉で、英国の欧州連合（EU）からの離脱を語るときに使用される。二〇一六年六月の国民投票で離脱が賛成多数となったことが発端であるが、その後賛成していた保守党が選挙で過半数割れし、合意案を下院で否決したことから離脱が延期となり、現在は十月末日まで延期されている。EU連合から離脱することで発生する関税などの経済問題や国境問題、防衛問題等が次々と浮上して、賛成した人もそんなはずではなかったという情報不足を訴えているのが現状である。

（＊3）**カーディフ城**

ウェールズの首都カーディフ市にある城。西暦五〇年代終わりにローマ時代の要塞が築かれ、十一世紀ごろはノルマン人が要塞とし、十五世紀から十九世紀まで何世代もの高貴な人の住まいとなった。一八六六年にカーディフ湾での石炭輸出で財を成したビュート一族が敷地内に建て直した邸宅は、天才建築家と呼ばれたウィリアム・バージェスによるもので、ゴシック様式にアラブとイタリア式装飾を施した。その後カーディフ市に寄贈されて、ビュート公園からタフ川沿いに三キロメートル以上の緑地帯が続く市民の憩いの場所となった。

（＊4）**プレッシャー・リリーフ・ドア**

機体後部胴体にある圧力を逃がすためのドア。International Federation of Air Line Pilot's Associations（国際定期航空操縦士協会連合会。本部はカナダのモントリオール）日本組織のレポートから説明する。

通常、B－747型機は、機体尾部にあるAPU（補助動力装置）によって始動に必要な圧縮空気が作られ、それを各種装置の動力源にしている。その高圧の配管が破損した場合に周辺の重要な部分が破壊されないよう、差圧が一定以上超えた場合にドアが自動的に開き、圧力を逃がす構造になっている。さらにAPU部分を含めた胴体尾部非圧力部分の最終強度は1.0～1.5ｐｓｉとなっており、他の重要部分が破壊されないフェイルセーフ構造となっている。したがって、日航123便の垂直尾翼破壊の理由が尾翼上部トップに圧力だまりができて一気に破壊、という損壊理由は成り立たない。構造上、下から順番に圧力を逃がしているのだから、隔壁、垂直尾翼、防火壁、APU脱落と、すべてが同時に発生することは構造上不可能といえる。

（＊5）マレーシア航空機行方不明事件

二〇一四年三月八日未明、マレーシアのクアラルンプールから中華人民共和国の北京に向かい飛行中であったマレーシア航空370便が乗客乗員二三九名を乗せたまま行方不明となった。その後、オーストラリアのパース市沖で機体の一部が発見、フランス領レユニオンで残骸と部品、スーツケースも発見、さらに南アフリカでロールスロイス製のエンジンの一部も発見されたが、いまだに事故原因どころか、遺体も確認されていない事件である。

（＊6）日本航空471便ニューデリー墜落事故

一九七二年六月十四日に起きた東京羽田空港発ロンドン行の南回り（東京－香港－バンコク－ニューデリー－テヘラン－カイロ－ローマ－フランクフルト－ロンドン）で、インドのニューデリー空港着陸直前にヤムナ川土手に激突した墜落事故。乗客乗員八十六名が死亡、三名重軽傷であった。いまだに日本航空のHPには、次のように書かれている。

「日本側の調査結果によると、471便は空港のグライドパス誤信号のため規定より低い高度で降下し、地上に衝突したと推定していますが、インド側では、乗員が定められたプロセジュアーを無視するとともに滑走路を十分に確認せず計器の表示に注意を払わなかったことが原因であるとしています。」

(＊7)ゴーストビーム

空港にはＩＬＳ（Instrument Landing System）計器着陸装置がある。着陸のための侵入経路や高度、角度などを誘導するために設置された、航空機に対して指向性電波を発射して滑走路への進入コースを指示する着陸援助装置である。この装置がインド空港の場合は非常に不安定で、諸外国の機長からも誘導通りに操縦したところ、墜落寸前までいった、という証言が次々と上がった。そのインドの空港設備の不備によるゴーストビーム、いわゆる幽霊電波のようなものが出ていることで信頼度が低いと言われていたのである。

(＊8)ＮＨＫドキュメンタリー番組「あすへの記録　空白の110秒」

ニューデリー墜落事故に関して、ボイスレコーダーとフライトレコーダーを解析した事故原因追究の記録番組。一九七三年六月十五日放送のものである。番組の中では、事故原因につながるボイスレコーダーを乗員の声の分析と特定、ノイズ部分を鮮明にして聞きやすい状態にする過程を描いている。ボイスレコーダーとフライトレコーダーのいずれも元データを公開できないのが原則ではなく、公開することが原則だと日本航空自らが番組作りに協力している。

(＊9)自衛隊出身のパイロット採用の割愛制度

一九七三年三月に発表された井戸剛教授（当時東海大学教授）が発表した「大事故の真因――民

間航空の20年を総点検する」(『中央公論経営問題・一九七三年春季特別号』(三月)には衝撃の事実が書かれている。井戸氏は、我が国の航空業界事情はあらゆる転機に立たされていると述べている。過去の安易な経営の後始末という課題によってゆがめられ、政府資本が半分の日本航空は一般民間企業のような理想的経営には程遠く、政府管理下で経営才能の発揮が許される幅は非常に狭い。さらに政府側は自らの経営能力の欠如を補うための国家資本導入、公的資本依存を計り続けてきたことは紛れもない事実だと断言している。六〇年代に始まり七〇年代に本格化した路線拡大と増便に伴い、日本人パイロット育成の推進、優秀な自衛隊パイロットの引き抜きなどで人材競争が激化した。自衛隊側もパイロット育成に余裕はなく、そこで防衛庁は運輸省と緊急会議を行い、一九六一年(昭和三十六年)十月に民間航空機への転出抑制機能として「割愛制度」と呼ぶ制度を発足させた。一見すると非常に合理的な制度であったが、その実情は、技能や習熟度を兼ね備えた自衛隊員パイロット流出を食い止め、推薦という名前でいわば厄介者(技量が劣り、修練度の低い質的な問題もある人間)を民間に払い下げていたのである。そこで日本航空側も自社採用試験を実施して合格した者のみ雇用する方策を実施したが、第一回のみで運輸省と防衛庁から猛烈な反発と圧力があって中止となった。その結果、魔の四十一年(航空機死亡事故が急増した昭和四十一年のこと)となり、飛行機の欠陥も伴って最悪の事態となった。事故を起こした機長に自衛隊出身者が多いということもあって「素質に欠ける不適者を訓練量増強で適正化し得るという経営者の幻想はここでも裏切られたのである」と述べている。

今、日本航空は、路線拡大とパイロット不足の理由から、再び割愛制度によって自衛隊出身者を採用するとしている。

補足——

●一九八五年八月十三日付け『ジャパンタイムス』紙に掲載された、「アメリカ合衆国海軍大将・太平洋軍軍司令官のウィリアム・J・クラウ・ジュニア氏へ勲一等旭日大綬章を授けた」という記事が気になり、その確認を内閣府の賞勲局に行った。確かに、一九八五年八月七日に内閣で決定し、一九八五年八月十三日に授勲となっている。なぜその日か、ということでは、米国に帰国していたクラウ将軍がたまたま日本に立ち寄っていたのでその日となったそうである。それにしても日航123便の墜落の五日前に決定して、墜落の翌日に授勲とは、ずいぶんとタイミングがよいものである。

●今回、英国で逮捕された日本航空の副操縦士は、防衛大学校を卒業後、航空大学校を出、大韓航空を経て日航に採用された経歴のようだ。ひと頃を考えると非常に珍しいケースといえる。

●主な参考文献

新聞

一九七二年（昭和四十七年）から一九七六年（昭和五十一年）五月二十六日までの『朝日新聞』『読売新聞』『毎日新聞』『東京新聞』各紙

一九八五年『日本経済新聞』/Japan Times/Daily Mail（英国のタブロイド紙で一八九六年創刊）/London Evening Standard

米国文書

●NATIONAL TRANSPORTATION SAFETY BOARD 調査記録

SAFETY ADVOCACY

Safety Recommendation A-85-139

ホームページアドレス

https://www.ntsb.gov/Pages/default.aspx

●Federal Aviation Administration

Japan Airlines Flight 123, Boeing 747-SR100, JA8119

Location:Gunma Prefecture,Japan Date:August 12,1985

ホームページアドレス

https://lessonslearned.faa.gov/index.cfm
●NATIONAL ARCHIVES
JAPAN 123 ファイル
ホームページアドレス
https://www.archives.gov/
●AVIATION PRODUCT LIABILITY THE EFFECT ON TECHNOLOGY APPLICATION
AVIATION SAFETY HEARING
AIRCRAFT CERTIFICATION
BOEING'S PROPOSAL TO REMOBE OVER-WING EXITS FROM 747-SERIS AIRCRAFT
HATHI TRUST'S DIGITAL LIBRARY
ホームページアドレス
https://www.hathitrust.org/
●米国ワシントン州キング郡地方裁判所裁判記録

報告書・論文

●事故調査に関する報告書の案（聴聞会用） 運輸省航空事故調査委員会
一九八六年（昭和六十一年三月二十八日） 〔右下がその表紙㉑〕
●審査申立書 一九八五・八・一二 日本航空ジャンボ機御巣鷹山墜落事故

昭和61年3月28日 公表まで
取扱注意

事実調査に関する報告書の案
（聴聞会用）

日本航空株式会社所属
ボーイング式747SR−100型JA8119
群馬県多野郡上野村山中

昭和61年3月28日

運輸省航空事故調査委員会
（主管調査官作成）

（一九八九年十二月十九日）申立人ら代理人弁護士作成

●「大事故の真因——民間航空の20年を総点検する」井戸剛
『中央公論経営問題春季特別号』一九七三年三月

●1990.7.17 前橋地検・8.12連絡会日航機事故不起訴理由説明会概要　一九九〇年

●諸外国の司法制度概要（第５回会議配布資料）特集—司法制度改革の展望
『ジュリスト』（１１７０）二〇〇〇年　二四四—二六五頁

●「未来への記録—自治体の公文書管理の現場から」関東弁護士会連合会作成
二〇一八年九月二十八日

●日外アソシエーツ
ＣＡＳＥ36　日航ジャンボ機墜落、炎上
資料アドレス http://www.nichigai.co.jp/sales/pdf/2043-1C.pdf

●ＡＬＰＡ　ＪＡＰＡＮ　ＪＬ１２３便（ＪＡ８１１９）事故調査報告書の問題点—生存者証言と実験によって否定された虚構の報告書
資料アドレス
http://alpajapan.org/cp-bin/wordpress/wp-content/uploads/%E6%97%A5%E6%9C%AC%E8%88%AA%E7%A9%BA123%E4%BE%BF-%E4%BA%8B%E6%95%85%E8%AA%BF%E6%9F%BB%E5%A0%B1%E5%91%8A%E6%9B%B8%E3%81%AE%E5%95%8F%E9%A1%8C%E7%82%B9.pdf

●「裁判記録の公開—保存のルール作り早急に」専修大学教授　山田健太『東京新聞』二〇一九

年五月九日付

●総務省情報公開制度の解説

ホームページアドレス

http://www.soumu.go.jp/main_sosiki/gyoukan/kanri/jyohokokai/shoukai.html

書籍

●『続・マッハの恐怖』柳田邦男　新潮文庫　一九八六年

●『日本航空事故処理担当』山本善明　講談社　二〇〇一年

●『ブラック・スワン—不確実性とリスクの本質（上下）』ナシーム・ニコラス・タレブ　ダイヤモンド社　二〇〇九年

●『日航１２３便　墜落の新事実』青山透子　河出書房新社　二〇一七年

●『日航１２３便墜落　疑惑のはじまり』青山透子　河出書房新社　二〇一八年（二〇一〇年版の復刻）

●『日航１２３便墜落　遺物は真相を語る』青山透子　河出書房新社　二〇一八年

●OSUTAKA:A CHRONICLE OF LOSS IN THE WORLD'S LARGEST SINGLE PLANE, CRASH Christopher p.Hood　Caradoc Books　2018

●『なぜ日本だけが成長できないのか』森永卓郎　角川新書　二〇一八年

THE BOEING COMPANY

SEATTLE, WASHINGTON 98124-2207

T. A. WILSON
CHAIRMAN OF THE BOARD

September 30, 1985

To the bereaved families of the passengers
of Japan Air Lines Flight 123

Dear Bereaved,

For the souls of the passengers who lost their lives in the Japan Air Lines accident in the mountains of Gumma Prefecture on August 12, 1985 and for the bereaved families, I would like to express our heartfelt condolence and sincere regret on behalf of The Boeing Company, which manufactured and repaired the 747 involved in the accident.

Human life is so precious that it is impossible to place a value on it. Nevertheless, to endeavor to compensate adequately for the losses of the bereaved families, we have arranged with Japan Air Lines to unify all negotiation concerning compensation by our two companies. Japan Air Lines, acting on behalf of the two companies, will begin contacting bereaved families.

The safety of all the products The Boeing Company manufactures is our primary and most important concern. We pledge here that we will continue to make our utmost efforts in that regard.

Again, I would like to convey our heartfelt condolence and prayers for peaceful rest for the souls of the victims who lost their hopeful lives in the accident.

Very truly yours,

T. A. Wilson

〈補足資料〉日航123便墜落事故の補償交渉の共同責任者として、
ボーイング社の社長名にて遺族へ出された書簡（1985年9月30日）

＊本書は書き下ろし作品です。

〈巻末資料〉「口頭意見陳述」

=R 10 '87 15:43 JGB SEATTLE P.2

IN THE SUPERIOR COURT OF THE STATE OF WASHINGTON

IN AND FOR THE COUNTY OF KING

DONALD MYERS, et al., Plaintiffs, vs. Japan Airlines, et al., Defendants.	Case No. 86-2-14507-9

ORAL OPINION

TAKEN ON APRIL 10, 1987.

BEFORE: The Honorable Gary M. Little

Dolores A. Rawlins, RPR
Official Court Reporter

日航123便墜落事故をめぐり、遺族が日航とボーイング社に対し、
損害賠償を求める民事訴訟をワシントン州キング郡地方裁判所に行った記録より、
「口頭意見陳述　被告の管轄不便宜抗弁に関して」全文（1987年4月10日）。

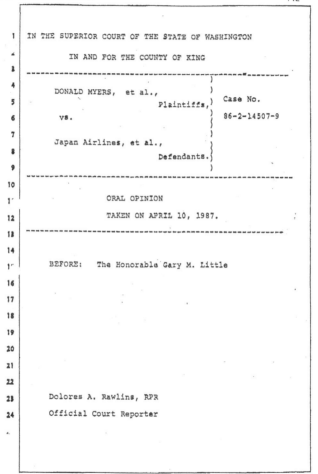

THE CLERK: All rise. The Superior Court in the State of Washington, in and for the County of King is in order, the Honorable Gary M. Little presiding.

THE COURT: Please be seated.

The defendants, Boeing and Japan Airlines have filed motions to dismiss this consolidated action fron King County Superior Court to a court in Japan based on the doctrine of forum non conveniens. The briefing on this motion, by all parties, was extensive, clear and to the point. I thank all of counsel for plaintiffs and defendants for their efforts. I would also like to thank the Japanese lawyers and jurists for their affidavits analyzing the Japanese legal system. Though their conclusions differed on substantial points, it did help this Court more full understand Japanese law.

The cause of these lawsuits is the tragic crash of a Japan Airlines Boeing 747 into a ridge in rural central Japan on August 12, 1985. Five hundred and twenty people lost their lives when the aft pressure bulkhead of the aircraft failed in flight with resultant damage to the vertical stabilizer and hydraulic lines.

Boeing has admitted that portion of the repairs completed on the bulkhead in 1978 were done

incorrectly. Today the Court must make only one decision, whether to hear the case in Defendant Boeing's jurisdiction or dismiss the case and see it refiled in the country where the tragedy occurred.

In deciding the forum non conveniens motion, the Washington State Supreme Court case of Johnson v. Spider Staging Corp., 87 Wn. 2d 577, as well as the United States Supreme Court cases of Gulf Oil Corporation v. Gilbert, 330 U.S. 501, and Piper Aircraft Company v. Reyno, 454 U.S. 235 form the basis of this Court's analysis.

The first step in the forum non conveniens issue is to determine whether in Japan there exists a adequate and available alternative forum for resolution of this dispute. This Court is convinced from the record that the Japanese court system is an adequate and available forum. In addition, if the trial were held here or in Japan, the parties to this lawsuit would be amenable to process. This would either be through existing jurisdiction over the parties by this Court, or by conditioning the dismissal on the Defendants agreeing to submit themselves to the jurisdiction of Japan.

Furthermore, the United States Supreme Court has held that the posibility of an unfavorable change of law from one forum to another should not, by

itself bar dismissal. This Court is not convinced that plaintiffs or defendants would be unduly prejudiced by litigating under the laws of either Japan or Washington State.

Having determined that adequate and available forum exists and that neither party would be unduly prejudiced by unfavorable law in either forum, the next step is to proceed to balancing of the public and private interest factors as outlinedin Gilbert and Spider Staging. Unless the balance of these factors is strongly in favor of the Defendants, the Plaintiffs' choice of forum should not be disturbed. But, as the Supreme Court of the United States articulated in Piper, this strong presumption applies with less force when the Plaintiffs or real parties in interest are foreign. In the case before us, it is clear that the vast majority of Plaintiffs are Japanese citizens, and one of the named defendants, Japan Airlines, is a Japanese corporation. Therefore, the presumption against disturbing Plaintiffs' choice of forum applies with a lesser degree of conviction in the case before us.

To guide this Court in its forum non conveniens balancing, the United States Supreme Court in Gilbert followed by the Washington State Supreme Court in Spider Staging, provided a list of private

interest factor, affecting the convenience of the forum. If after balancing all the factors, this Court, in its sound discretion, determines the factors to be equal or to weigh in favor of the Plaintiffs', the case should be remain in this Court. If, on the other hand, the factors weigh in favor of the moving party, the action should be dismissed to Japan with conditions attached by the Court to further the goals of this litigation; justice to all parties.

The private interest factors are as follows:

One. Relative ease of access to sources of proof.

If liability is at issue, this Court believes that access to sources of proof are more readily available here than in Japan. The aircraft was designed, built, tested and sold in Washington State. The aft pressure bulkhead was manufactured here, then shipped to Japan and installed with the assistance of Boeing employees. Furthermore, Boeing personnel participated in the crash investigation in Japan as well as simulator flight tests conducted in Washington.

If liability is not an issue, then the relative ease to access proof shifts to Japan. As documentary evidence concerning the losses caused by the deaths is most likely found there.

The second factor to be considered is availability of cumpulsory process for attendance of attendance of unwilling and the cost of obtaining attendance of willing witnesses.

If the case remains in this Court or dismissed to Japan, the difficulty and costs of obtaining witnesses appears to be relatively the same.

The third factor is the possibility of view of the premises, if the view would be appropriate to the action. This COurt feels that a view of the crash site is not of Primary importance in the determination of either liability or damages.

The fourth factor is all the other practical problems that make the trial of a case easy, expeditious and inexpensive. In either forum this Court believes that the complexity of this case would create many practical difficulties. Yet, I am convinced, however, that either judicial system would handle these matters as expeditiously and inexpensively as possible.

The public interest factors to be considered by the Court are as follows:

One. The administrative difficulties flowing from Court congestion. The Plaintiffs contend that if liability and damages are tried in Japan, it could be years before survivors seejustice done, because of the

backlog of civil cases. Defendants, on the other hand claim that if liability is not an issue in Japan, damage awards would be fiven within a relatively short period of time.

This Court finds that there is congestion in both systems, but as this case has been preassigned to the Track 1 system, there would be no delay in bringing it to trial on either liability or damages.

Another factor to be considered is the local interest in having localized controversies decided at home. All communities have a great interest in seeing that Boeing safely designs, manufactures and repairs aircraft. The citizens of Japan have a great interest in this litifation because nearly 500 citizens and residents of Japan lost their lives in the crash.

The third interest to consider is the interest in having the trial in a forum that is at home with the law that must govern the action and the avoidance of unnecessary problems in conflicts of law or the application of foreign law.

This Court finds that if the cases is tried in this jurisdiction, liability would be determined under the laws of Washington. The Washington State Supreme Court in <u>Spider Staging</u> mandated a two-step approach in determining which jurisdictions would apply.

First, an evaluation of the contacts with each interested jurisdiction, and second, an analysis involving an evaluation of the interests and public policies of the concerned jurisdictions.

Applying this approach to the fact of this case supports the decision that liability should be determined by Washington law.

The final public interest factor is the unfairness of burdening citizens in an unrelated forum with jury duty. Japan does not have a jury system. The citizens of King County, due to the interest in thi- case, would not be burdened if the trial were here.

Finally, this Court believes that based on the public and private interest factors outlined above, the Court should and hereby does, bifurcate the liability and damages issue. The Court believes the liability issue should be resolved in the courts of this jurisdiction. Deciding liability here means, in effect, that the questions of what happened and why will be answered to the satisfaction of this Court. What happened and why are questions which are of vital interest to all persons regardless of the national boundaries.

The Court is less clear as to what it will eventually decide as to the damages portion of this case.

The Court is persuaded as to the very real practical problems raised by counsel for Boeing and JAL in deciding the question of damages.

For example, the problem of language, the problem of attendance of witnesses and Plaintiffs.

The Court's resolution of the question of what forum in which to determine damages is hereby reserved and will await resolution of the liability queston and a clear understanding of how damages would be determined in any other forum, once liability is definitively resolved.

Counsel, do you have any questions for the Court?

I believe our next step is to schedule a pre-trial conference with the attorneys for all sides. That matter I will let you caucus on. If you will ask Mr. Held, the bailif for a date. We will then have a pre-trial conference in which conference we will make a determination as to how to proceed in dealin-g with the liability question.

MR. KRUTCH: I presume that the 30 days commences today, then, on the Discovery Order that previously was entered.

THE COURT: Yes. I think that is appropriate. I have looked at your Order and, obviously, it is not

quite appropriate to what I have ruled.

I would suggest -- and the court reporter has indicated that she will now go and give up her lunch hour and type a copy of this decision. That should be available somtime in the early afternoon and then it will be made available, obviously, to counsel, and thenan Order should be drafted, which, presumably, is agreeable to all of you. We will proceed from there.

When we come to our pre-trial conference, we need to address the question of whether a pre-trial discovery Order and all of its particulars should be available.

I am mindful, this is one of several cases that has been pre-assigned to me. Frankly, counsel, the more complicated the cases, it appears the more easily the lawyers have time of working together.

I know most of you -- the ones I do not know even -- I am impressed with. I think probably you are going to be able to resolve most of these questions without the Court's help. The Court will be there to help if it is required.

Mr. Gerrard.

MR. GERRARD: One thing on the 30 days discovery, when you entered the Oreder, we had the right to seek a protective order on parts of the discovery

There are parts that we will want to seek protection on.

MR. KRUTCH: No problem on that, your Honor.

THE COURT: If you can agree, fine. If not, schedule a hearing. Thank you, Counsel.

THE CLERK: Please rise. The court is in recess.

(Court was recessed at 12:10 P.M.)

青山透子

（あおやま・とうこ）

ノンフィクション作家。東京大学大学院博士課程修了、博士号取得。日本航空国際線客室乗務員として国内線時代に事故機のクルーと同じグループで乗務。その後、官公庁、各種企業、大学等で人材教育に携わる。著書に『日航123便墜落 疑惑のはじまり――天空の星たちへ』『日航123便 墜落の新事実――目撃証言から真相に迫る』『日航123便墜落 遺物は真相を語る』（いずれも河出書房新社）がある。

日航123便 墜落の波紋

そして法廷へ

二〇一九年 七 月二〇日 初版印刷

二〇一九年 七 月三〇日 初版発行

著　者――青山透子

発行者――小野寺優

発行所――株式会社河出書房新社

〒一五一―〇〇五一

東京都渋谷区千駄ヶ谷二―三二―二

電　話――〇三―三四〇四―一二〇一〔営業〕

〇三―三四〇四―八六一一〔編集〕

http://www.kawade.co.jp/

組　版――株式会社ステラ

印　刷――株式会社暁印刷

製　本――小髙製本工業株式会社

ISBN978-4-309-02812-5

Printed in Japan

青山透子・著

日航123便墜落
遺物は真相を語る

あの事故の背景に何があったのか。
ミサイル開発、追尾するファントム機、
赤い物体、機長の制服の行方……
御巣鷹の尾根で遺体は何を訴えていたのか、
遺物の化学分析から何が見えてくるのか。
徹底的な調査でさらに事態の真相に迫る、
告発のノンフィクション第3弾！

河出書房新社